钱三强画传

刘晓 陈明坦 著

中国科学技术出版社
·北京·

图书在版编目（CIP）数据

钱三强画传 / 刘晓，陈明坦著 . -- 北京：中国科学技术出版社，2022.8
（家国情怀）
ISBN 978-7-5046-9317-4

Ⅰ.①钱… Ⅱ.①刘… ②陈… Ⅲ.①钱三强（1913–1992）—传记—画册 Ⅳ.① K826.11-64

中国版本图书馆 CIP 数据核字（2021）第 249738 号

策划编辑	韩　颖　彭慧元	
责任编辑	彭慧元	
责任校对	邓雪梅	
责任印制	李晓霖	
封面设计	中文天地	
版式设计	北京麦莫瑞文化传播有限公司	

出　　版	中国科学技术出版社	
发　　行	中国科学技术出版社有限公司发行部	
地　　址	北京市海淀区中关村南大街 16 号	
邮　　编	100081	
发行电话	010-62173865	
传　　真	010-62173081	
网　　址	http://www.cspbooks.com.cn	

开　　本	710mm×1000mm　1/16	
字　　数	188 千字	
印　　张	11	
版　　次	2022 年 8 月第 1 版	
印　　次	2022 年 8 月第 1 次印刷	
印　　刷	北京瑞禾彩色印刷有限公司	
书　　号	ISBN 978-7-5046-9317-4 / K·327	
定　　价	49.00 元	

（凡购买本社图书，如有缺页、倒页、脱页者，本社发行部负责调换）

编辑委员会

主　　　编：郭　哲　秦德继　唐海英
副 主 编：孟令耘　许　慧　赵　千
编　　　委：韩　颖　吕瑞花　方鹤婷　刘　晓
　　　　　　刘　静　宁德宽　丛中笑　王艳明
　　　　　　张聪聪　段文超　黎华君
特 邀 顾 问：葛能全
编撰办公室：彭慧元　余　君　李双北　何红哲　龚梓健

支持单位

中国科学技术协会　　中国科学院　　中国工程院

前言

2010年5月,"老科学家学术成长资料采集工程"(简称"采集工程")正式启动。这项工作致力于搜集、整理、保存、研究中国科学家的学术成长资料,以此记录和展示中国科学家个人科研生涯与中国现代科技发展历程。老科学家是中国科技事业的宝贵财富。新中国从一个贫穷落后的农业国,成长为一个日益繁荣富强的科技大国,在这一过程中,无数科技工作者献出了辛勤的工作。"十四五"规划关于完善科技创新体制机制中明确"要弘扬科学精神和工匠精神,加强科普工作,营造崇尚创新的社会氛围"。

书写和阅读科学家传记,一方面为学习他们为国家、社会做出的科学成就和贡献,另一方面也是为传承科学精神、汲取科研经验,最重要的是发扬他们难能可贵的精神品质。通过一幅幅真实的照片,将科学家一路的成长、面临的困难、取得的成就娓娓道来,故事资料来源于"采集工程",由"采集工程"学术传记的作者执笔,科学家本人、家属与学生、科技史学者把关,真实呈现科学家的科学人生故事。在这样真实动人的故事里,让青少年感受前辈的人生选择,体验科学人生的悲喜忧戚,并以更高、更远的视角穿越历史,追随科学大师的人生脚步,开创属于自己的道路。

期望读者和我们一起通过阅读科学家的故事,了解和走近科学大师,领略科学家昂扬的风采、宽广的胸怀,让年轻一代从前辈手中接过"家国"责任,将炙热的青春融入飞速发展的新时代。

目录

第一章	书香门第新文化	家风开明新少年	1
第二章	名定三强德智体	孔德学校立根基	5
第三章	学工学理须考量	从牛到爱转清华	10
第四章	科研起步遇良师	国难含愤别家园	18
第五章	求学居里实验室	博士论文显身手	25
第六章	异国逃难历艰险	巴黎重逢约里奥	35
第七章	滞留里昂思前路	沉稳努力获成长	42
第八章	科学合作结情缘	携手共同赴辉煌	47
第九章	赴英交流开新域	重核裂变有发现	53
第十章	惜别恩师求报国	归途坎坷风云起	62
第十一章	白手起家原子学	一笔外汇启新路	69
第十二章	建言草案绘新图	群英汇集核基地	78
第十三章	携手共谱创业史	蓝图初绘中关村	86
第十四章	率团访苏学先进	育才用才望长远	91

第十五章　最高决策帮解惑　宣讲教育原子能	100
第十六章　"一堆一器"跨时代　热工实习育骨干	106
第十七章　调兵遣将为协同　实事求是勇自省	114
第十八章　临危受命"596"　排兵布阵有奇功	119
第十九章　级联理论分离膜　攻克点火中子源	126
第二十章　预谋氢弹创奇迹　枝繁叶茂立功勋	133
第二十一章　坎坷遭遇志不改　百家争鸣座谈会	140
第二十二章　推动高能加速器　理论物理再先行	147
第二十三章　走进殿堂谈古今　桑榆非晚霞满天	155
参考文献	166

第一章 书香门第新文化 家风开明新少年

钱三强的祖籍是浙江吴兴，生于绍兴。吴兴、绍兴这两座文化古城分别哺育了父系钱氏和母系徐氏两个充满书香之气的望族。清末民初，新文化、新科学涌入中国，两个家族得风气之先，勇立潮头，致力新学，钱三强正是从这里成长，走向了世界。

▲ 青年时期的钱三强（1933年）

世居浙北古城吴兴的钱氏家族，在钱三强的祖父一代崛起。伯祖父钱振伦22岁便考中进士，授翰林院编修；祖父钱振常47岁考中进士，任礼部主事。钱氏两兄弟才思俊逸，但官运不佳，总是与升迁无缘。于是，他们选择辞官回南方，以教书为生。他们曾执掌过杭州、淮阴、扬州、绍兴、常州的多处书院，培养出许多杰出人才。如著名教育家蔡元培就是钱振常在绍兴龙山书院教过的学生。

钱振常有两个儿子。长子钱恂（1854—1927）是晚清著名外交家，出使过英国、法国、意大利、比利时等国，曾任湖北自强学堂（武汉大学前身）提调，协助聘请师资、制定章程、师生管理、编订教材、组织教学等事务；次子钱玄同（1887—1939），也就是钱三强的父亲，自幼饱读经典，四岁读《尔雅》，五岁读《易经》，八岁读《尚书》《礼记》，十一岁读《左传》。1906年，钱玄同留学日本，在早稻田大学读师范。其间，他经常参加章太炎开办的国学讲习会，并师从章氏研习国学，研究音韵、训诂学及《说文解字》。"新文化运动"时期，博古通今的钱玄同响应陈独秀和胡适的"文学革命"口号，成为反对旧道德和旧思想的急先锋。他与刘半农合作，在《新青年》上合演"双簧戏"，给旧文学阵营以沉重打击。同时，他也是中国近现代国语运动的积极倡导者，主张汉语改用拼音文字，曾参与创编白话文的国语教科书，拟定国语罗马字拼音方案并审定国音常用字汇。

钱三强的母亲徐婠贞（1886—1949），出自绍兴徐氏家族。她的祖父徐树兰授兵部郎

▲ 钱玄同（1938年）

◀ 古越藏书楼旧址

中。徐家藏书极丰，徐树兰晚年捐资创办绍郡中西学堂和古越藏书楼，率先推行新式教育。徐婠贞幼读家塾，又在中西学堂接触现代知识，后来离家到上海读中学，是一名现代知识女性。徐婠贞的父亲徐元钊是钱振常的门生，1906年，在钱恂和徐元钊的主持下，钱玄同和徐婠贞在上海成婚。1913年，钱恂调任北洋政府教育部社会教育司，钱玄同携全家同时赴京。

1913年10月16日，钱三强降生在绍兴，他是家中的第三个男孩，父亲给他取名"秉穹"。此时父亲已执教北京高等师范学校。1914年夏，母亲怀抱着刚九个月的他，赶往北京与父亲会合，住进了西四的一处四合院。

在钱秉穹幼时的记忆中，家里的房子虽然设施简陋，陈设朴素，但是柜子里、书桌上、窗台上都堆放着书籍。有古线装书、现代印刷书，有英文、日文的原版书，还有各地出版的报纸杂志，各类小说更是数不胜数。钱玄同作为新文化运动

▲ 钱三强和父母在北平家中（1937年）

的先锋，在家庭教育方面，从不提倡囫囵吞枣地死背古文，对阅读闲书和杂书不加限制。

家庭成员之间相处非常融洽，互助友爱，团结和睦，无论大人、小孩都能够言其所思、行其所志，平等相处，彼此敬重。钱玄同与孩子们的相处像亲密无间的兄友，在朋友们面前习惯称自己的儿子为"世兄"。小秉穹刚学会走路，就时常在父亲的书房里蹿来蹿去，钱玄同再忙也会从埋头写作的工作案牍中放下笔，和孩子一起嬉戏。在繁忙的工作之余，他还给孩子讲故事，陪孩子看连环画。父亲讲的那些别出心裁的故事，成为秉穹最珍贵的儿时的回忆。在这样良好家风中成长的钱秉穹养成了热爱读书的好习惯，从小就手不释卷、博览群书。正如他后来所说："父亲给我们的课外读物，不仅丰富了课余生活，还大大开阔了眼界，养成了读书的习惯，接受先进的思想、对待新事物不保守，对于写作也有一定的帮助。"钱秉穹一直保持着对课外阅读的热爱，当时他将中学图书馆凡是他能读懂的书，差不多都读了个遍。但他对古文始终兴致不佳，即使很久以后，这方面的兴趣也一直都没有培养起来。他毫不掩饰地承认，这与父亲一度对古文抱有的"矫枉必过正"的激进主张有密切关系。

钱秉穹在成长过程中逐渐养成了坚韧不拔的性格和迎难而上的精神。在这种精神的指引下，他才能在未来的学习和研究，以至开创中国核事业的过程中，不断攻坚克难、自立自强，成为一代科学家的典范。

第二章 名定三强德智体 孔德学校立根基

1919年，6岁的钱秉穹走进了小学。先是在北京高等师范学校附属小学读了一年，之后转入大名鼎鼎的孔德学校。该校由蔡元培和李石曾创办，以法国哲学家孔德命名，提倡德、智、体、美、劳均衡发展，崇尚开明、自由，主张学以致用。孔德学校聘请了许多北大教师在内的优秀教师，教学水平位于北京诸校前列。

钱秉穹进入这所学校后，由于学习努力、态度认真，深得各科老师的喜爱。而他没有辜负老师们的期望，一直努力鞭策

▲ 钱三强保存的孔德学校校徽

▼ 北平孔德学校正门

自己，积极进取。他总会提前完成老师布置的作业，有时候甚至会做两遍、三遍以上。因此，他的作业本总是比别人用得快。即便是体育课、音乐课、图画课，他也是认认真真，从不敷衍。得益于音乐课老师陶虞孙和图画课老师卫天霖、王子云生动有趣的艺术课堂和灵活多样的教学方法，钱秉穹对音乐和图画都学得津津有味，培养了他对美的欣赏能力。

钱秉穹对物理的兴趣主要归功于物理老师吴郁周，与照本宣科的讲课方式不同，吴老师常常在家里画一些图表作为课堂教学的辅助工具。他讲的发电机原理非常通俗易懂，几何光学的成像、焦点、实像、虚像等基本原理也用图例表示得很清楚。这些内容清晰地刻在了钱秉穹的脑海里，一刻就是一辈子。他曾评价吴老师说："他真是把物理教活了！"

钱秉穹的学校生活也不只有学习，和许多男学生一样，他也渴望自己能在体育场上赢得同学们的喝彩。1926年，孔德学校成立了山猫篮球队，"山猫"的运动能力极强，球队以此命名的寓意是追求快速灵巧的战术。钱秉穹闻讯后心里痒痒，特别想参与其中。他向体育老师兼篮球队教练报名："我要参加山猫篮球队。"教练看了看他的个头，有点犹豫："你能行吗？恐怕还是打乒乓球更合适一些。"

"我乒乓球打，篮球也打。个头不高可以打后卫嘛。"钱秉穹想做什么事，总是表现出一股子牛脾性。

教练再次仔细打量钱秉穹壮实的身体，有点心动了，要当场测试他百米跑的速度。钱秉穹二话不说，立刻站到了起跑线上，一次、两次、三次，勉勉强强通过。他成功加入了山猫篮球队，成为替补后卫。

钱秉穹此后心心念念的是，千方百计去掉"替补"这两个字。他认真琢磨，刻苦练习球技，虚心听取队友的意见，渐渐适应球队的节奏，和队友配合默契，在进攻和防守上都大有起色。半年后，他终于得偿所愿成了主力后卫。在几次校际

第二章 名定三强德智体 孔德学校立根基

▲ 钱三强（左二）在山猫篮球队（1926年）

友谊比赛中，山猫篮球队的成绩都居于全市中学上游。他们每次参加校外比赛回来，全校热闹得就像过节一样。

钱秉穹爱琢磨，不仅体现在攻克科学研究难题上，也体现在体育运动上，他喜欢弄出点新"玩意儿"，还往往一弄便灵光，篮球上的"托盘"、乒乓桌前的"新招"，都能出奇制胜。他在参加体育运动的同时，动脑筋找新招、摸规律，所以能够获得身体和精神的长效收益。

钱秉穹改名钱三强是一个机缘巧合的故事。父亲钱玄同按"一东"韵，给孩子们取名秉雄、秉弘、秉穹、秉充，在学校里，这些名字听起来比较容易混淆。秉穹改名"三强"是来自小伙伴给起的外号。

钱秉穹升入孔德学校高年级后，有一个很要好的朋友叫李志中，性格文静，又有些文才，尤其诗写得好，班上同学都叫他"诗人"。由于文笔水平高，李志中

▲ 欧美同学会举行北平市第一次乒乓球比赛，钱三强获得第四名（1929年）

的作文经常被选为范文在全校推广，甚至登过报纸。钱秉穹还有一个很要好的朋友叫周丰一，是文学家周作人的儿子，活跃调皮，大有"武将"风范，其性格与李志中的书生气完全不一样。他们三人的精彩组合让整个集体显得生机勃勃，关系融洽。

在这三人集体里，钱秉穹的身高和年龄排在最后，但身体很强壮，李志中身高排在三人最前面，却比较瘦弱。再加上钱秉穹在家中兄弟也是排行老三，活泼的周丰一发现了这个特点，就根据这个特点给二人送了外号，笑称李志中为"大弱"，钱秉穹为"三强"。李志中欣然接受这个外号，并常常以"大弱"自诩，他们通信时也会这么称呼对方。

有一次李志中给钱秉穹写信时，按照习惯抬头写"三强"，落款署名"大弱"，这封信在家中被钱玄同看到了，就随意地问："这封信是谁写给谁的呀？"钱秉穹回答是班上同学李志中写给自己的，并解释了一番原委。没想到的是这件事令钱玄同深感当时中国人起名字过于讲究音韵，家中儿子的名字读音非常相近导致了很多尴尬的事，家里来电话时常常分不清是"秉穹"还是"秉雄"，而且给儿女起的名字也违背了钱玄同自己一贯倡导的大众化、平民化改革的主张。钱玄同虽然一直想给儿女改名字，但苦于找不到合适的时机和名字，便一直耽搁了下来。现在"三强"这个名字给了钱玄同一个灵感，于是他跟钱秉穹商量："依我看，'三强'意思不错，可以解释为德、智、体都争取进步。你愿意不愿意把名字改为'三强'？"当时钱秉穹感觉很意外，因为他觉得改名字是件大事，但想到自己平时书写名字时"穹"字写的不好看,也就欣然同意了。

说改就改,钱玄同又把秉雄和年仅五岁的秉充也叫过来,当面说了改名的意见:"名字本就是一个符号。我过去给你们起名字,过分讲求文字音韵,其实不合实用。老大秉雄的名字,就不必改了,秉穹、秉充都改一改,以免读音相近造成不便利。秉穹改为'三强',这是他同学叫出来的,我以为意思不错,符合现代进步潮流,也是父母所期望的。秉充可以只改一个字,叫'德充'。"

"改名"这事儿在孔德学校引起了一阵轰动,鼓动者就是顽皮分子周丰一,他以此来彰显他的"丰功伟绩"。从那以后,他就总喜欢有事没事向人提起,大文字学家钱玄同采纳了他给钱三强起的外号。

李志中和周丰一是钱三强高中时代相当重要的两个朋友,他们一起度过了珍贵的少年时光。像普通的少年一样,他们也曾一起搞过恶作剧扰乱课堂、一起分享欢笑和荣誉,他们相处无间,在少年的岁月里留下赤诚纯粹的印记。

▲ 孔德学校的部分同学和老师合影(1927年,右一为钱三强)

第三章 学工学理须考量 从牛到爱转清华

1929年春，临近高中毕业，钱三强的许多同学都在家长的安排下，提前做好了升学计划，钱三强却迟迟没想好学什么。因为父母对学习不加任何干预，完全由他自己做主，而一个16岁的年轻人，对各行各业都不了解，缺乏清晰的人生规划，因此一时之间难以做出选择。

有一天，钱三强到图书馆读书时发现进了不少新书，其中有孙中山的《三民主义》和《建国方略》。他如饥似渴地读完了这两本小册子，对孙中山提出的"实业计划"产生了浓厚的兴趣。孙中山在《建国方略》中周密设计了六个实业计划，提出要修建铁路网和公路网，大力发展内河交通和水力、电力事业，在中国北部、中部及南部沿海各修建一个如"纽约港"的世界水平的大海港。钱三强对港口建设、铁路建设和工业建设的部分印象深刻，认为只有建立强大的工业，国家才能走向富强，才能摆脱被帝国主义侵略的屈辱。于是，他下定决心要学习工科，想成为电机工程师，发展祖国的实业。

钱三强向父亲表露心迹后，父亲既高兴又颇感意外。他略作思考后问三强："学工科做工程师是不错，那你准备考哪个学校呢？"

"我想过了，考上海交通大学。"钱三强毫不犹豫地回答。

钱玄同提醒儿子上海交通大学用英文教材教学，而孔德学校一直是法文教学。父亲的提示让三强愣住了，他此前不曾考虑到这一层。到上海交通大学要适应英文教学，而且专业课又那么多，跟上教学进度是个非常大的挑战。钱玄同看到儿子面露愁容，怕他误会自己是想干预他的志愿，于是立刻表明态度："你们将来学什么，我不替代出主意，由你们自己选择，但是一个人应该有科学的头脑，对于一切事物，应该用自己的理智去分析，研求其真相，判断其是非对错，最后决定对策。"

有同学提供了消息：北大预科允许学生用英语、德语、法语和日语中的任一种参加外语考试。钱三强和几个志同道合的同学商量，想出一个"曲线救国"的办法——先考北京大学读理科预科班，打好英语基础后再考上海交通大学电机工程系。他们寄希望于兼任北大文科教授的钱玄同能说服学校准许他们用法语参加考试。

钱玄同亲自找了北大预科主任关应麟，关先生说文科预科可以用英、德、法、日任一种外语应考，而理科预科则用英语应试，偶尔有用德语应试的情况，但以法文参加考试尚无先例。关先生还特别说明，理科预科各类课程使用的都是英文教材。

钱三强面对考试的问题并没有退缩。在他的影响下，孔德高中毕业班最后有三人（钱三强、卓励和陶凯孙），仍然试图尝试各种办法说服北大允许用法语应考。钱三强更是抱着不达目的誓不罢休的决心，恳求父亲再次出面说服北大破例一次。钱三强同学三人许诺，若是英文跟不上，他们情愿留级再读。最终关先生被这番决心打动，批准他们用法语作入学考试。他们三人通过考试，如愿进入北大预科学习。

进入北大预科学习的第二年，钱三强的英语水平迅速提升，他追随自己的好

▲ 考入北京大学理科预科班的钱三强（1930年）

奇心，带着"扩大知识范围"的渴求，有选择地旁听规定范围外的课程，理学院本科生的课也去听。那时，清华大学物理系教授吴有训和萨本栋都在北大兼授课程。1930年，钱三强在北大第一次听吴有训讲课就留下了深刻的印象。吴有训上课与众不同，没有夹着大皮包，只是手里拿了几页纸和一些长短不一的绳子，还有几节废电池。那节课，吴有训用绳子和废电池做实验演示，通俗易懂地让同学们理解了"简谐振动"和"共振现象"。

在北大预科学习期间，钱三强对实验科学产生了浓厚兴趣。他通过大量课外阅读科学著作，兴趣逐渐转到物质结构上。他在1986年的回忆文章中写道："北大预科的物理实验和化学实验课程设计比较好，特别是物理实验室，多数仪器设备是国内自己造的。五四以后颜任光教授等为建立物理实验室费了不少心血，曾参加早期实验室建设的龙际云先生就是我们实验课的老师。我对实验科学的兴趣是从这时开始的。"而当时导致他兴趣转变的外部原因是日军发动了九一八事变，蒋介石实行不抵抗政策，南京政府也没按《建国方略》的规划建设中国。内部和外部因素相互作用，钱三强最终考入北京大学物理系。

20世纪30年代，清华大学由于经费稳定，逐渐"后来居上"。吴有训、周培源等组成的物理系的教师阵容让钱三强艳羡不已。他觉得："相比之下，北大物理系本科不如清华大学。加上九一八事变后，北大学生活动比较多，我自己那时政治觉悟不高，书又不好念下去，因此产生了考清华大学物理系的念头。"他当时在北大预科和本科已经读了三年，有同学认为这时转考清华实在不是明智之举。但

第三章　学工学理须考量　从牛到爱转清华

▲ 钱玄同为钱三强手书的"从牛到爱"（1933年）

他认准目标就要去做。1932年，19岁的钱三强考入清华物理系，重读大学本科一年级。

钱三强的父亲对他改考清华物理系比较支持。他别出心裁写了"从牛到爱"四个字，含蓄表达了父亲对儿子的殷殷之心。起初，钱三强和家人都没看出这四个字的门道，钱玄同作了解释："写这样几个字寓意有二，一是勉励三强发扬属牛的那股子劲儿，二是在科学上不断进取，向牛顿、爱因斯坦学习。"自那以后，钱三

▲ 在清华新斋宿舍（1936年春）

▲ 在清华大学无线电实验室做实验（1936年）

▲ 钱三强准备毕业论文时使用的自制真空设备

强以"从牛到爱"为座右铭，不管到哪里都带着，无论是清华大学的宿舍，还是巴黎的居所，直到中关村的家，这幅字都是挂在房间正中的位置。钱三强去世后，这幅字被铭刻在了他的墓碑上。

钱三强入读清华后，明显感觉到跟北大不同。清华物理系的教授注重培养学生既动脑又动手的能力。上课讲解例题，介绍最新发展，启发学生思考，同时规定学生选修实验课的学分不得少于理论课的二分之一。那时物理系开设的实验课种类很多，既有供全校选修的实验课，也有物理系学生专修的实验课，更难得的是，有些实验课由知名教授直接指导学生操作。

钱三强注意到，清华物理系的教授除了授课以外，还进行科学研究。系主任吴有训研究 X 射线；赵忠尧和霍秉权研究原子核物理，开始建立威尔逊云室；萨本栋与任之恭研究电路与电子学，并准备试制真

▲ 清华大学乒乓球队获五校表演赛男子团体冠军（1935年，后排左一为钱三强）

▲ 清华大学物理系部分师生在科学馆前合影（1935年，前排左起陈亚伦、杨镇邦、王大珩、黄葳、钱三强、杨龙生，二排左起周培源、赵忠尧、叶企孙、任之恭、吴有训）

空管；周培源研究理论物理方面；叶企孙研究光谱学。叶企孙和吴有训还都兼任中国物理学会的要职。

科学的前沿研究离不开学术交流，许多教授利用学术休假的机会，出国深造或短期工作，以便掌握科学技术发展的最新前沿。1935年，吴有训从美国休假回国，带回了一些吹玻璃的设备、玻璃真空泵和各种口径的玻璃管等，在清华开设了实验技术选修课。吴有训手把手地教学生，让他们掌握烧玻璃的火候和吹玻璃的关键所在，并随时指出他们的缺点。正是在他的课上，钱三强学会了吹玻璃技术。钱三强在课上受益匪浅。

钱三强的毕业论文是吴有训指导，题目是研究金属钠对真空度的影响。他设计真空系统就用到了吹制玻璃设备。在吴有训的指点和鼓励下，钱三强克服各种困难取得成功，毕业论文得到了90分。初尝科研经验的钱三强认识到动手能力的

▼ 同班同学参观古观象台（1935年，前排左起许孝慰、何泽慧、黄葳、杨镇邦、王大珩、钱三强，后排左起于光远、谢毓章、陈亚伦）

▲ 清华大学物理系八级部分毕业生重聚（1937年，左起钱三强、杨龙生、王大珩、杨镇邦、黄葳、谢毓章、陈亚伦）

重要性，也领悟到如何正确地对待失败。吴有训先生主张的学术独立和注重实验，更是给钱三强带来了深刻的影响。

在校园的运动场上，经常能看到钱三强的身影。他尤其热爱乒乓球，1935年他被选为清华校队主力队员，参加北平五所大学的乒乓球表演赛，在男子团体决赛中，零比二落后的形势下他和队友连扳三局反败为胜，钱三强独胜其中两局。清华校刊称赞道："钱三强攻球稳固而锐利，守球落点准确。"

钱三强当时被大家看作"不问政治"的学生，但他富有正义感。当得知在一二·九运动中有百余学生被军警打伤，他走进了清华游行队伍中，高呼着"挽救危亡，共赴国难"的口号，和大家一起向城内进发。

第四章 科研起步遇良师 国难含愤别家园

1936年，清华大学物理系八级的十名同学毕业，有人参加革命工作，有人前往南京的兵工署，也有人继续深造。出于对纯粹科学研究的兴趣，钱三强选择了严济慈主持的北平研究院物理学研究所。吴有训对此表示支持，还帮钱三强写了推荐信给所长严济慈。

▲ 北平研究院理化部大门（1933年，左为理化楼）

▲ 北平研究院理化楼（1933年）

第四章 科研起步遇良师 国难含愤别家园

北平研究院物理学研究所位于东黄城根的北平研究院理化楼,一座中西合璧的三层楼房。理化楼中各种基础设施和实验设备在当时的北平属于一流,一楼和二楼半侧归物理学研究所使用。物理学研究所所长严济慈在法国获得国家博士学位,与叶企孙、饶毓泰、吴有训并称为中国物理界"四大名家"。1932年,在居里夫人的帮助下,严济慈创建了北平研究院镭学研究所,率先开展原子研究。钱三强对严济慈敬仰已久。

▲ 北平研究院时期的严济慈

1936年7月,钱三强到理化楼拜见了严济慈,严济慈安排他做助理研究员,同时兼做研究所的图书管理员;研究方面,严济慈安排他先在光谱学领域开展研究工作。钱三强最初的课题是关于带状光谱的分析与测量,这也是严济慈计划开展的一个新课题。研究所内做光谱研究的仪器设备相当完善和先进,有从德国进

▼ 物理学研究所光谱研究室(1933年)

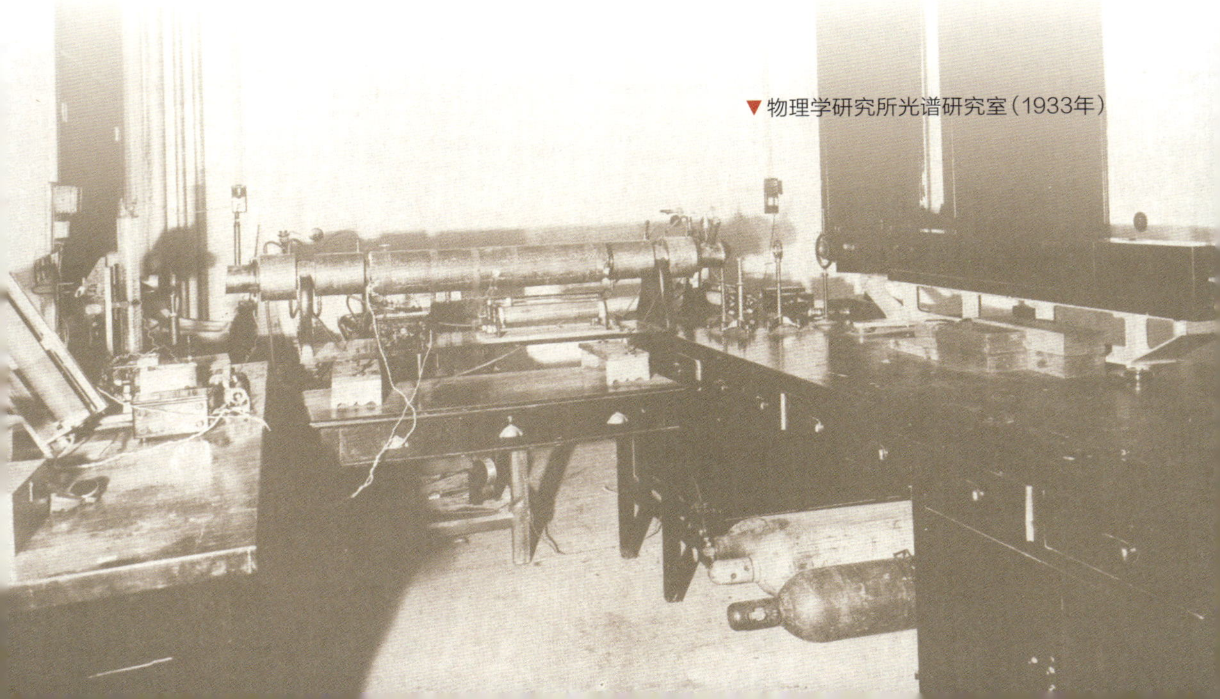

口的多种型号的摄谱仪以及各种光源。先进的仪器设备让钱三强的研究如虎添翼，取得数据和进行分析的效率都非常高，研究工作开展顺利，年底就做完了实验。

严济慈看到整理的数据，认为已达到可以发表的程度。1937年3月18日，24岁的钱三强完成了自己的第一篇英文研究论文"铷分子离解的带状光谱和能量"，和严济慈联名寄给美国的《物理评论》，同年7月发表。

经过这次愉快的合作，严济慈充分了解了钱三强在科研方面的能力，他想让钱三强进一步出国深造。将人才有计划地派出去是严济慈培养人才的惯有做法，严济慈在人才培养方面卓有远见，此前钟盛标、陆学善、钱临照、吴学蔺、翁文波等都是在他推荐下出国的。严济慈得知钱三强曾在孔德学校学习过法语，经过考察发现钱三强的法语掌握得确实不错，便建议钱三强考中法教育基金会派往法国留学的公费生，其中有一名巴黎大学的镭学名额。

为了准备竞争异常激烈的留法考试，钱三强付出了很大努力。但考完语文后，他却觉得没底。当时国内兴起一股复古风，语文考试需要分别用白话文和文言文写作文。对于钱三强来说，受父亲的影响，他认为白话文才是文学正宗，文言文是他的弱项。这次考试让钱三强深刻领悟到：事情一旦做过了头，往往带来负面作用。所幸的是，考试委员会认为虽然钱三强的文言文写得不尽人意，但是由于他的物理成绩很优秀，几门课平衡下来综合成绩很占优势，最后评委们给了钱三强每月约两千法郎资助三年公费留学的机会。

多年之后，钱三强回忆起这段往事，才真正意识到这次考试对于他的意义和价值："经严济慈所长鼓励，我参加了中法教育基金会组织的留法学生选拔考试，我考取了镭学名额，而且是到世界上原子科学研究最先进的机构之一——巴黎大学居里实验室，指导我从事研究工作的导师，正好是发现人工放射性的约里奥-居里夫妇。可以想象，这一切对于一个刚迈出学校大门的科学青年，该是何

第四章 科研起步遇良师 国难含愤别家园

等幸运！"钱三强的人生轨迹因这次考试而发生了转折。

正好严济慈当选了法国物理学会理事，要去巴黎参加理事会，钱三强打算与严济慈同行，赴法行期原定6月。钱三强的家人觉得6月太仓促，建议他延期到7月启程。恰逢世界知名的丹麦物理学家尼尔斯·玻尔应邀来华，6月4日玻尔在北平研究院副院长李书华的陪同下，参观了物理研究所，留下了这张合影。钱三强回忆道："玻尔来参观物理研究所，又在北大演讲，对原子的结构和原子核的图像讲得深入浅出，深深地吸引了我们。他的关于复合核的概念对于我后来做有关裂变工作有很大启发。"

钱三强考取了留法公费生，对于钱家本是一桩值得庆贺的好事儿。在当时的

▲ 在北平研究院理化楼门前的留影（1937年6月，前排左一为尼尔斯·玻尔、左二为李书华，二排右二为钱三强）

▲ 钱三强与家人在北平中央公园合影（1937年，左起：弟德充、兄秉雄、母徐婠贞、嫂徐幽湘、父钱玄同）

中国，能够出国深造的青年可谓凤毛麟角，去世界文化名都巴黎，到居里夫人创建的实验室攻读博士学位，更是多少人想都不敢想的荣耀。但谁能想到，钱三强却是满怀着遗憾和痛楚辞行的。

进入7月，临行的日子临近。儿行千里母担忧。母亲一遍遍地清数钱三强出国要带的行李，将行李箱塞得满满当当。就在全家细数着临行的日子，闲聊出国的各项准备事宜时，7月7日晚，日军用大炮轰击北平城西南郊的宛平城和卢沟桥，全面抗战就此拉开。

本就疾病缠身的钱玄同，听到七七事变的消息心如刀割，血压骤然升高，民族命运令他忧虑难安。钱三强面对此情此景，开始重新考虑自己是否真的要到巴黎求学。他不断地问自己："国难家患临头，我能忍心离去吗？"

父亲察觉到了钱三强想要放弃留学的心思，强忍病痛，劝导儿子："弹丸之地的日本，敢对偌大中国发起侵略，还不是因为我们国家落后吗！出国深造是极难得的机会，你现在的所学将来对国家定能有所用。报效国家，造福社会，发奋之路还远得很哩。男儿之志，不能只顾近忧啊！"

钱玄同为了表明态度，7月15日如期在中央公园操办了大儿子秉雄的订婚仪式，邀请亲友，兼为钱三强送行。

在父亲的坚持下，钱三强怀着矛盾的心情离开了北平，踏上了远去巴黎的路。他永远不会忘记那一天，7月17日，那个酷热的周末，那个痛楚的离别以及正在天空肆意轰炸的日军敌机……

远洋航行的船上生活，注定是沉重且漫长的。虽然有风平浪静、波光粼粼的美好时刻，也有色彩缤纷、景色宜人的绚丽霞光，但在钱三强心里始终无法放下的还是家国破碎、山河疮痍。各种思绪萦绕在钱三强心间，脑海中不停地闪过各种各样的问题，无法理出头绪。在船上，他见到了像自己一样出国留学的学生，也见到了轮船底层统舱中许多操着浙江口音和福建口音出国逃难的船客。说到底，都是离别故乡、漂泊异国的行者，钱三强感到无比沉重，为自己，也为国人。

身在异国的钱三强，心里最放心不下的还是家中久病的父亲，他深知以父亲爱国正直的性格不会向日本人妥协。"七七事变"后一个月，日本侵略军开进北平城，钱玄同气恼之下，卧床数日。钱玄同任教的北平师范大学和北平大学

▲ 钱三强在巴黎莫纳哥宿舍，为怀念刚刚去世的父亲，墙上贴着父亲的照片（1939年）

均迁往陕西，成立西北联大，他因身体原因没有随校西迁，但从此称病在家不任伪职，保持了高尚的节操。

1939年1月的一天，常年在家养病的钱玄同突发脑出血，抢救无效去世。接到噩耗的钱三强悲痛欲绝，他深知，一年多来年仅五十出头的父亲受日寇的刺激和羞辱，是饱含忧愤离去的。唯有父亲钱玄同那幅"从牛到爱"，将永远陪伴钱三强前行。

第五章 求学居里实验室 博士论文显身手

经过近两个月漫长的海上航行,钱三强到达法国巴黎时已是秋高气爽的9月上旬。踏上土地时,钱三强顿有恍如隔世之感。

初到巴黎,与老师严济慈在异国他乡重逢,让钱三强内心倍感亲切。严济慈告诉钱三强一个好消息,伊莱

▲ 法国求学时期(1938年)

▼ 钱三强在巴黎塞纳河边(1938年)

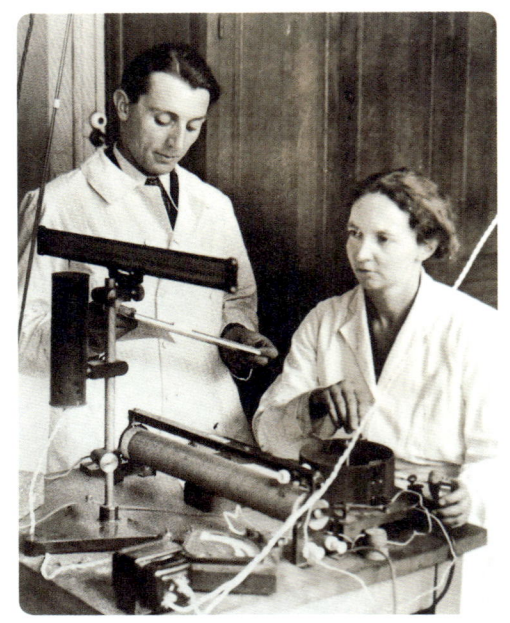

▲ 弗雷德里克·约里奥与伊莱娜·居里（1934年）

▲ 居里实验室入口

娜·居里将亲自指导钱三强做博士论文，这是多么大的荣耀与幸运！

居里实验室的发展经历了一段漫长的历史。居里夫人因发现了放射性元素钋（Po）和镭（Ra），成为世界上首位两次获得诺贝尔奖的科学家。但她在享誉世界后的很长时间内仍然没有一个真正的实验室，直到她晚年法国政府才拨款在巴黎大学建造了一个镭学研究所，居里实验室是镭学研究所的重要组成部分，由她主持研究工作。可惜一切来得太晚！由于多年的劳累，加上早期放射性研究工作因缺少必要的防护而受到辐射伤害，居里夫人于1934年与世长辞。她逝世后，德比艾纳接替实验室主任。德比艾纳也是一位放射化学家，是居里夫妇的老同事，曾在1899年发现第八十九号元素锕。居里夫人的长女伊莱娜和丈夫弗雷德里克·约里奥继承了前辈的事业，不断向前推进原子核物理及放射化学的前沿研究，两人还将各自的姓用横线连在一起，称约里奥-居里夫妇。

在等待了一些时日后，严济慈带领钱三强来到巴黎第五区皮埃尔·居里街11号，这所建筑并不高大，地面三层地下一层，正面有一道四季常青的绿化带，楼后有个小花园。这里就是举世闻名的居里实验室，每一处都满载老居里夫人的印记。

▲ 居里实验室主任办公室

钱三强在没有接触到自己导师之前，听说了很多关于伊莱娜·居里本人的传闻，有人说她不注重外表，服装简单粗糙；有人说她与众不同，像一位公主，喜欢以自己的眼光和判断行事；也有人对她的性格很敬畏，不敢轻易接近这位科学"皇族"。钱三强与导师伊莱娜的第一次见面虽然有严济慈的引荐，但内心仍是紧张与忐忑的。伊莱娜身穿白色工作服，中等身材，见到他和严济慈后热情地起身打招呼："欢迎你们的到来。"在严济慈向伊莱娜介绍了钱三强后，她随即伸过手说："欢迎你加入我们的实验室。"她提议一起到小花园走走——多年来形成在花园讨论问题的习惯，她说："在实验室工作的人最需要呼吸新鲜空气。"

在交谈过程中，伊莱娜认真地倾听钱三强的讲话，一直用非常信任的眼光看着他，耐心与钱三强交谈，完全没有因为钱三强是青年学子而有任何怠慢与盛气凌人的态度。同时，她很细心，甚至考虑到了钱三强在国外的住宿问题。为了科研工作的便利，也为节省留学费用，她让钱三强住在巴黎大学的学生宿舍。钱三强的研究内容也确定了下来，以攻读原子核物理为主，兼做放射化学工作。就这样，钱三强怀揣着最初的热情与梦想，进入了世界著名的居里实验室，迈出了自己科研工作的第一步，也因此得以成为推动新时期原子核物理学研究进程的一份子，为新时代的核物理发展作出自己的贡献。

虽然科学界普遍传闻伊莱娜踏实稳重却不善言辞，性格直率甚至有点冷漠，但钱三强却更多感受到的是老师对自己的照拂与关怀。钱三强在居里实验室工作了整整十年，伊莱娜简朴的生活作风、对虚荣的蔑视态度和对青年的热情关心与指导，不仅潜移默化地影响着实验室的文化、营造了浓厚的学术和民主讨论的氛围，而且也间接培养了钱三强优良的学术品德和高尚的个人品质，他后来在近代物理研究所的工作作风继承了居里实验室的优良传统。

1937年10月25日，钱三强在熟悉了实验室的情况后，迎来了在居里实验室的第一个正式工作日。伊莱娜每周亲自讲授两次"放射学"基础课，除此之外她还会给钱三强安排一些指定文献阅读，经常和他一起讨论交流近期的实验进度以及科研工作。

钱三强以饱满的热情投入新的科研工作中，他谦逊的态度和努力的精神都被伊莱娜看在眼里。面对如此刻苦的年轻人，伊莱娜非常愿意帮助他。有一天，伊莱娜问钱三强："约里奥在法兰西学院核化学实验室，他正在改建一台云雾室，需要一位助手，你愿意去帮他吗？"她强调，"如果愿意的话，博士论文可以由改建云雾室设备开始做，这对完成你的论文是必要的。"约里奥和伊莱娜夫妻二人在科研上珠联璧合、相得益彰。约里奥为人亲和，钱三强和他一起打过乒乓球，聊天也非常轻松愉快，性格相投。钱三强深知导师伊莱娜是在为他着想，因此十分乐意与约里奥一起合作。

在伊莱娜的安排下，钱三强到法兰西学院面见约里奥。约里奥简明扼要地介

▲ 约里奥手持可变压力云雾室的电磁线圈　　　　▲ 钱三强参与改进的可变压力云雾室

绍了工作意图，对接下来的实验工作进行了部署和安排。钱三强由于先前并未接触过云雾室，因此只能从零学起，利用现有的云雾室做实验练习，打好基础。

钱三强后来回忆，当时学习使用云雾室的情况历历在目。简单地说，威尔逊云雾室是一个密封容器，利用活塞可以迅速改变容器空腔的体积，导致容器内的特殊蒸汽过饱和，如果带电粒子经过，就会引起气体分子电离，蒸汽凝结而形成由小水珠组成的径迹。这些径迹可用肉眼观察，或用照相机拍摄下来。

按约里奥的要求，钱三强在金工师傅的帮助下很快完成了云雾室的改进。改进后的云雾室，有效灵敏时间提高了两倍多，而且设计了自动照相系统，能够自动记录瞬间出现的粒子径迹。改建后的云雾室被约里奥称为"可变压力威尔逊云雾室"，成为他实验室一件基本设备，在后来的一些实验中起过重要作用。约里奥对于钱三强的动手能力非常信任，云雾室的改建完成后，约里奥在实验室的公众场合表扬了钱三强所参与的工作。同时约里奥亲口告诉他，他的博士论文将由伊莱娜和约里奥共同指导，并且居里实验室和法兰西学院核化学实验室的仪器设备都可供他使用。自己长期以来的付出和努力得到了肯定，这让钱三强非常高兴。有了伊莱娜和约里奥的共同指导，以及能够用两个顶级实验室的设备做实验，如此优越的条件，钱三强做起实验来更加得心应手了，也因此有更多的机会能接触到原子核物理学"诱人的"最新发展。在伊莱娜的指导下，钱三强确定了博士论文选题，用自己装配的云雾室研究含氢物质在 α 粒子轰击下，所产生质子群的径迹和分布。伊莱娜认为这是当前原子核科学发展的前沿课题，又是原子物理学与化学的结合点，而且与实验室内正在开展的研究课题，既不重复又相互衔接。

居里实验室的研究工作是忙碌而紧张的，钱三强更是废寝忘食。他的工作计划安排得很紧凑，经常在法兰西学院和巴黎大学两个实验室来回穿梭，做实验、计算核实数据，就连宿舍都很少能按时回。周末和节假日，钱三强也没有任何放松和懈怠，来访者去宿舍找他也常常找不到人。渐渐地，来访者就开始在他房门上贴字条，或者在宿舍楼传达室留一封信。钱三强除了回复一些非常重要的信件，

▶ 钱三强和王树勋在格勒诺布尔滑雪（1939年）

其余信件因为学业忙碌很少回复,更不会参加应酬一类的聚会,他尽量给自己的研究工作赢得更多时间。仅有的休假是1939年初,他与王树勋一起前往滑雪胜地格勒诺布尔滑雪。王树勋后来到云南大学担任化学系主任。

▲ 钱三强在巴黎莫纳哥宿舍读书(1939年)

1939年7月,钱三强突然接到清华大学的同班同学王大珩寄自伦敦的信,说他和彭桓武、夏震寰、卢焕章四人已约好,趁暑假到欧洲看看,首站将是巴黎。几位清华大学同学在巴黎会面,还一起到凡尔赛游览。然后,他们一行继续前往

▲ 清华同学相聚凡尔赛(1939年,左起彭桓武、钱三强、王大珩、夏震寰)

德国柏林，但因国际局势变化莫测和钱三强工作繁忙，他留在巴黎以备联络。果然，德国和苏联签订《互不侵犯条约》，钱三强立即向柏林发电报催他们回来，事后才知道他们赶上了最后一班直达伦敦的火车。如若没有钱三强的帮助，他们可能会被困在柏林。

钱三强处在当时科学前沿的中心，刚好有机会耳闻目睹"核裂变发现"这场科学竞赛。

1938年秋天，伊莱娜在实验室里汇报了她和萨维奇新近做的一项实验，但是对实验结果仍存有很大疑惑。事实上，他们的实验已经非常接近发现核裂变现象了，但他们没能对实验结果作出正确解释，因此被别人捷足先登了。

裂变现象被确认后，1939年初伊莱娜带领钱三强进行一项新实验，用中子轰击铀和钍，观测产生的放射性元素，以便进一步验证核裂变现象。研究结果由两

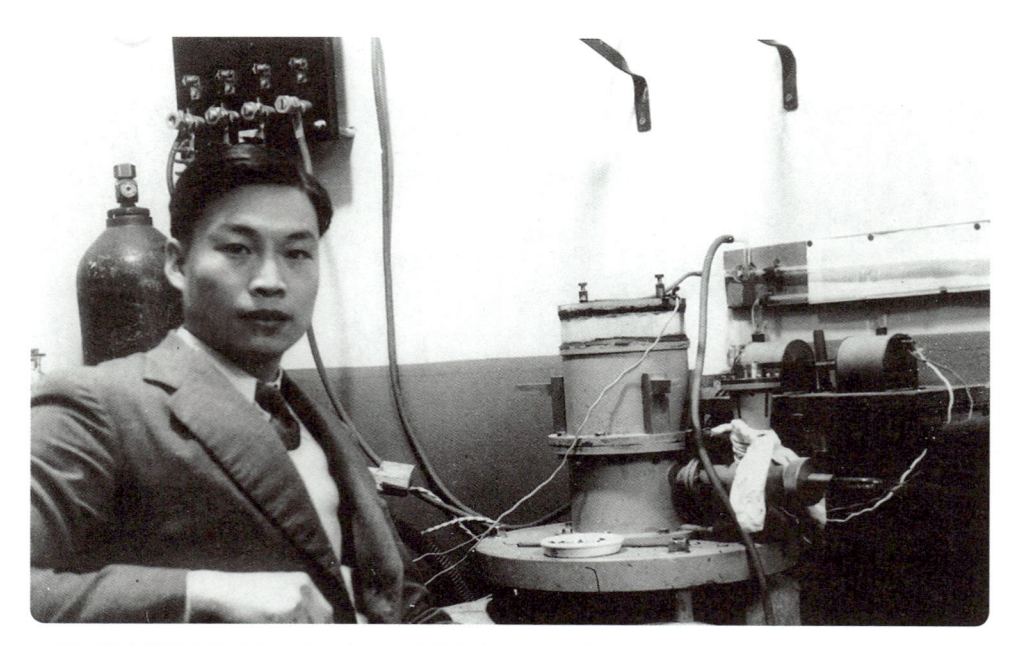

▲ 钱三强在居里实验室用可变压力云雾室做实验（1939年）

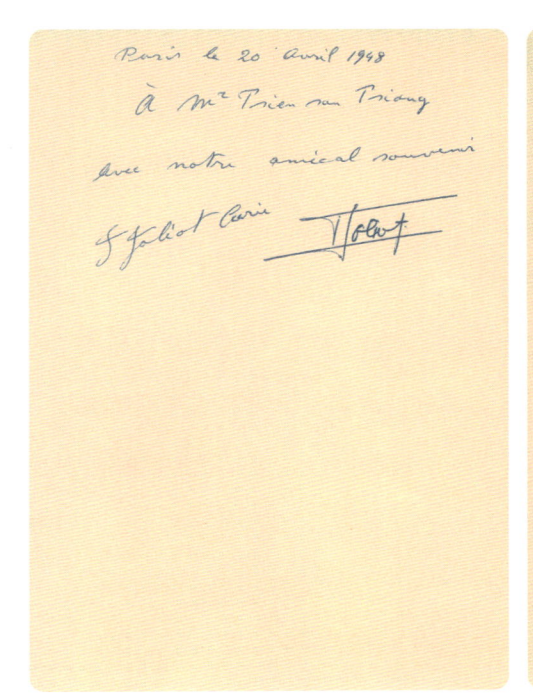

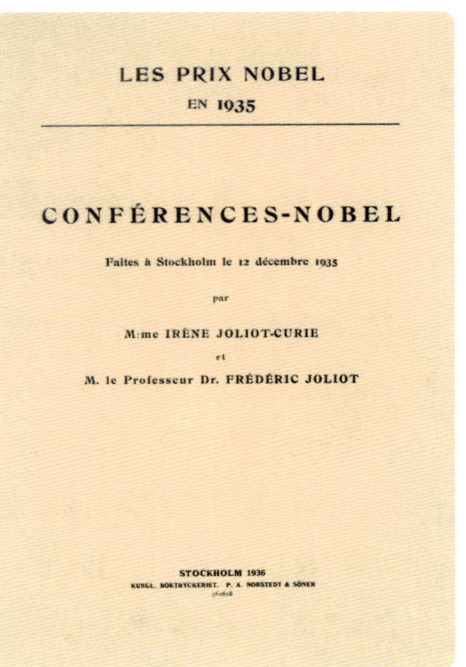

▲ 约里奥与伊莱娜共同签名赠送钱三强的诺贝尔奖演讲稿单册

人共同署名发表。研究过程中钱三强不仅掌握了如何完成裂变实验，还受到伊莱娜的严谨科学态度的熏陶。

　　钱三强对于博士研究课题付出了万分的努力，他全神贯注地投入，采取"东问问，西问问"的虚心态度向别人请教，同时也热心助人。他很快就在居里实验室这个国际科学集体里，初步树立了良好形象，化学师郭黛勒夫人当众赞扬说："你们有什么事需要人帮忙的话，可以找钱来做，他有挺好的基础，又愿意效力。"有外国同事不理解钱三强的好学态度，钱三强解释说："我比不得你们，你们这里有这么多人，各人干各人的事。我回国后只有我自己一个人，什么都得会干才行，例如放射源的提取，我自己不做，又有谁给我提取呢？所以样样都得学会才行。"

由此可以看出，钱三强很早就在为回国后的科研工作打基础，正可谓是"所学定有所用"。

1940年1月，钱三强博士论文的实验研究工作全部结束。在伊莱娜的推荐下，他的论文分两部分在法国物理学会的《物理学与镭学学报》上发表，题目是"含氢物质在Po-α粒子轰击下所产生的质子群"。4月11日，钱三强终于迎来了论文答辩会。在答辩会上，伊莱娜郑重介绍了钱三强的工作，高度评价了他对科研工作的勤奋和热忱，以及具备领悟科学真理的天分。在此之前，伊莱娜从来不恭维任何人，更不会讲迎合人的话。由此可看出伊莱娜这些话的分量，这令在场的听者对钱三强这位中国青年刮目相看。评审委员会对钱三强的博士论文给予了肯定。答辩顺利通过后，钱三强的博士论文由法国科学院印制并刊行，还登了本人的照片。

在准备博士论文的同时，钱三强也接触到最新的铀裂变实验进展。例如，约里奥很早就认识到了裂变过程中中子散射实验的重要性，"链式反应"这个词就出自约里奥1935年12月12日在斯德哥尔摩的诺贝尔奖颁奖典礼演讲中。这种链式反应能够被用来制造原子弹，一旦被用到战场，人类将面临绝无仅有的残酷威胁。因此，约里奥将他关于链式反应的实验报告封存进法国科学院的保密柜里。这反映了约里奥身为科学家的良知和责任，也反映了他对人类美好生活乃至世界和平的追求。

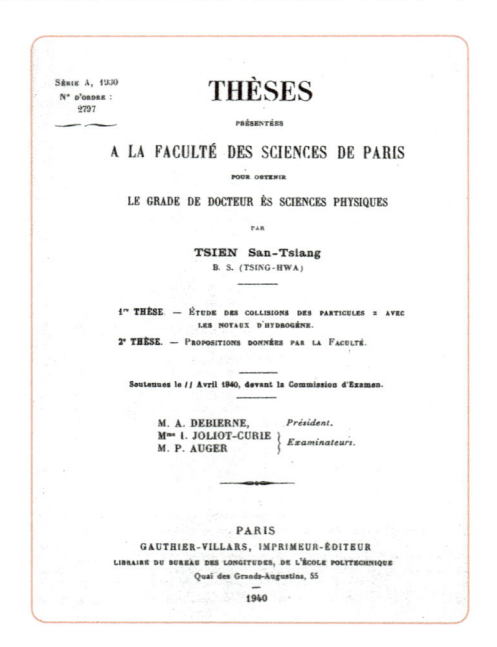

▲ 钱三强的博士论文首页（1940年）

第六章 异国逃难历艰险 巴黎重逢约里奥

钱三强顺利拿到了法国理学博士学位时，三年的公费资助还没到期，他打算继续自己的研究，多学点东西。

此时的希特勒已吞并奥地利和捷克斯洛伐克，侵占波兰，欧洲西线战争一触即发。但当时的舆论都认为战争未必能对法国特别是首都巴黎造成直接威胁。

令所有人没有想到的是，1940年5月21日，德军快速部队到达了英吉利海峡沿岸。这种"闪电般的变化"令法国乃至欧洲猝不及防，此后德军大举进攻法国，英法联军溃不成军，德军如洪水般席卷而来，巴黎很快处于战争的阴云中。

德军飞机将传单撒遍巴黎城内，举目望去一片慌乱，玻璃门窗正在被漆成蓝色或黑色，车站挤满了逃难人员，候车的小学生们身上缝着名字和目的地的标签。钱三强到实验室探听消息，有个同事告诉他，全所的人都走了，并提醒他赶紧逃往南方，以免被德国人抓住做苦力。

钱三强匆忙收拾了一些简单行李，骑自行车跟随逃难的人群，毫无目的地向南方行进。一路上炮火纷飞，带的干粮吃完了，他就和难民们一起到地里拔胡萝卜充饥解渴，饿到实在不行只能到村镇上没逃走的人家里乞讨……钱三强想起与父母临别时，母亲把一叠外钞缝在衣服的夹层里，父亲叮嘱他，在国

▲ 回到巴黎的钱三强（1941年）

外万一遇上不测，就买船票回来，一定要回来，旁的什么都可以不要。

一路向南走走停停，跑了一百多公里到达奥尔良，这座城市位于法国南北的分界线上，卢瓦尔河穿过市区。过桥时，钱三强还被守桥的法国士兵当成了日本人，一直用枪口指着他，直到一位叫张德禄的中国友人，帮助钱三强证实了自己的身份，才得以过桥。张德禄早年留法勤工俭学，获机械学博士，当时在法国的军工部门任职。

好不容易过了奥尔良大桥，以为安全了，本打算晚上在一间铺着麦草的房子里睡个觉，没想到却传来了坦克的声音。钱三强刚开始还以为是法国军队开赴前线作战的坦克部队，结果却发现是德国坦克。原来是德军赶到了难民的前面，阻止他们南逃，并喝令所有人回去。一路又饿又困、饥寒交加的钱三强，在经历了这十多天的磨难后，明白难以正面抵抗，便跟随人流挤上了一列没有座位的厢式火车，返回了巴黎。

当钱三强拖着疲惫的身子灰头土脸地走出巴黎火车站时，满眼所见皆是德国的士兵、德国的汽车，连凯旋门和埃菲尔铁塔上都是德国的旗帜。然而法国人民反抗的意志并没有被扑灭，他们在戴高乐将军的召唤下，满怀爱国热情和必胜信念，纷纷捐出自己的金饰和各种财物，支持"自由法国"运动，向世界宣告：法兰西没有沉沦！

钱三强重新回到了巴黎，战争造成的恐慌渐渐平息，但是中法教育基金会的公费资助终止了，他的处境一度非常艰难。失去了资助的支持，钱三强的日子变得窘迫，甚至连吃饭都成问题，回国又不能成行，他对此一筹莫展。

直到8月的一天，钱三强正在小路上徘徊沉思，突然看到一个熟悉的身影走来。约里奥先生还在巴黎！战乱中重逢的故人总是倍感亲切，何况二人又是师生。两人到一个僻静的咖啡店，倾诉了离别后的经历，约里奥很同情钱三强的处境，当即表示欢迎他回到自己的实验室工作。约里奥的话让钱三强感念至深："到实验室来吧。只要实验室还开着，我们还能工作，就总能设法给你安排工作。只要我们有饭吃，你就有饭吃。"

经历过山穷水尽的钱三强终于体会到"柳暗花明又一村"，内心充满了欣喜与感激。谈话中钱三强了解到：战乱中核化学实验室还能存在并维持，因为德国占领巴黎的机构中有几位物理学家，这几位物理学家了解约里奥的实验室，甚至得到过约里奥的指导，所以对约里奥的实验室予以维持，只是有士兵把守，不允许闲杂人员进入。

约里奥也被德方重新请回实验室。德方的目的是希望实验室的回旋加速器建造工程尽快完成，而且要接受四名德国研究人员进入实验室工作。作为条件，约里奥得到了德国人出具的书面保证，承认约里奥是实验室唯一的主任，任何时间、任何工作都要事无巨细向他报告，一切归他指挥，实验室只进行基本的、非军事性的研究。镭学研究所居里实验室的伊莱娜也是同等待遇。

▲ 钱三强回到居里实验室做制钋实验（1941年）

德国人能答应这些条件，是因为他们一方面忌惮约里奥-居里夫妇及其研究机构的声望，另一方面觊觎约里奥实验室里正在安装的回旋加速器，这是他们研制原子武器最需要的设备。没有人知道的是，约里奥早已洞悉德国人的图谋，他早在德军占领巴黎之前便采取措施悄悄将重水转移到英国去，自己则留在巴黎见机行事。

重新回到实验室的钱三强，不得不和实验室的其他同事一起，面对进驻的蛮横德军。好在派驻实验室的监督根特纳曾在约里奥的实验室工作过几年，他说约里奥实验室的名义负责人是海德堡大学的博特教授，但自己将尽一切努力来帮助约里奥。根特纳后来回到海德堡大学博特教授的实验室，在那里他又与何泽慧成为同事。1974年根特纳以德国马克斯·普朗克学会副主席的身份访问原子能所，还提到这段往事。

重回实验室的钱三强倍感庆幸，他能跟过去一样在实验室里做实验，用不同方法研究天然放射性物质释放的 γ 射线的强度和能量。同时从1940年10月起，他还获得了"居里-卡内基奖学金"，这个奖学金是老居里夫人用1907年得到的美国慈善家安德鲁·卡内基一笔捐赠款而创立的，她亲立宗旨：使一些成绩斐然的

第六章 异国逃难历艰险 巴黎重逢约里奥

▲ 钱三强与何泽慧接待根特纳（前排左二）访问原子能所（1974年，前排左四为马普学会主席）

学生和科学家与使那些有志于研究和有研究才能的学者不会中断研究，从而完成他们的志愿。当时奖学金的主持者伊莱娜·居里，认为钱三强符合这个奖学金的宗旨。钱三强获得奖学金之后，不仅能够维持自己的生存，而且还享有独立进行科学研究的机会，这也是他取得博士学位后独立选题进行科学研究的开始。能够在战火纷飞的年代不至于承受颠沛流离之苦，并且继续从事自己喜欢的科研工作，钱三强认为这一切都要归功于自己的老师约里奥-居里夫妇。

虽然生活条件恶劣，每月分配到的食物也不够吃，不得不将烟酒配额与别人交换面包，但是钱三强对自己的境遇已经非常满足，坚持开展科研工作。他的第一个研究课题是关于钍的射线强度的研究，在完成实验之后，他将研究结果"射钍的 γ 射线"发表于《法国科学院周刊》第213卷上。接着，伊莱娜又交给他一个研究课题，让他制作氙气电离室，用以测量锕-223的低能 γ 射线的强度。锕元

39

素（Francium）以"法国"命名，是居里实验室的重要发现。这项研究得到了伊莱娜很大的关心和帮助，最后研究结果"放射反冲的扩散及其本性"发表在同年法国的《物理学与镭学学报》第②卷。让钱三强惊喜的是，自己还通过这个工作，掌握了电离室技术，研究了各种气体对电离室性能的影响。

钱三强和恩师约里奥先生的师生情谊至深，他们在沦陷的巴黎相互支持，沉着应对，积极抗争，一起度过了那个烽火硝烟的年代。

约里奥在法兰西学院组织了抵抗力量，逐渐成为巴黎各大学"自由运动"的中坚。1941年，约里奥先后担任法国全国阵线主席和全国大学阵线主席，领导法国知识界的反法西斯斗争。钱三强对法西斯深恶痛绝，他不仅痛恨日本法西斯对中国的迫害，也痛恨德国法西斯对法国公民的恐怖残杀。基于安全考虑和对学生的爱护和照顾，约里奥曾明确表示让钱三强不要参加法国人的抵抗运动。作为一个外国人，尤其是东方人，如果参加法国人的政治活动，不仅会受到德国人的监视，而且还会受到某些法国人的注意，发生意外的风险太大。

钱三强谨记老师的嘱托，但有时又实在忍不住想参加反法西斯运动。著名物理学家郎之万是共产主义者，由于公开反对纳粹，于1940年10月遭到德国法西斯

◀钱三强与约里奥在瑞典奥斯陆重逢（1952年）

的逮捕。此举引起了学界的愤慨，他们举行大规模的示威活动，抗议德国法西斯的暴行。钱三强也跟随示威者一起挤进了物理教室，参加法兰西学院师生的示威活动，甚至还参加了在香榭丽舍大街举行的第一次世界大战抗德阵亡将士纪念日学生集会。游行活动中，钱三强一会儿到学生队伍振臂高呼，一会儿又站到街边的人群里观察局势。因为他深知自己是在法国，要确保自身安全，如果是在北平，自己一定会毫不犹豫地站在队列中斗志昂扬，为正义呐喊。

约里奥于1942年毅然加入了法国共产党，为了法国的解放和自由，愿意直面死亡。有一天，钱三强为了实验需要，在一个放杂物的柜子里寻找一截电线，偶然中顺着电线扯出一个扁扁的纸包，打开一看，他不由自主地紧张了起来，原来里面是约里奥的秘密入党材料和化名电器工程师的假护照。

钱三强知道，虽然表面上德国人给约里奥-居里夫妇所谓"自由"，但实际上他们的行动和实验室的工作都时时被监视。钱三强翻出来的那个秘密纸包对于约里奥来说生死攸关。约里奥将这份材料藏在法兰西学院的实验室内，而且这间实验室刚好也是钱三强的工作室。钱三强明白这份材料对老师的重要性，小心翼翼把材料放回原处，并且在杂物柜内做了一番巧妙伪装，使外人更不容易发现它。同时，他有意加强了暗中保护。过了几天，钱三强再查看杂物柜时发现纸包不见了，而约里奥安然无恙，这才放下了心。

对于此事，钱三强和约里奥都守口如瓶，直到1952年他们才言明这个秘密。当时的钱三强是出席世界和平理事会执行委员会特别会议中国代表团成员之一，他和约里奥谈起当年的事情，约里奥说："我知道是你帮我把材料藏得更难找了。"钱三强听后一愣，对约里奥的细心感到惊异。约里奥接着说："我取走材料时，发现这一切，我想准是你干的。"两人会心一笑，师生的默契与亲昵在话语中流转。

第七章 滞留里昂思前路 沉稳努力获成长

钱三强虽身在法国，但一直都惦记着回国。尤其是法国半壁江山沦陷，德军在南部的维希成立傀儡政府后，为了完全实现巴黎的殖民化，要求各国驻法国的外交机构都要南迁。中国驻法国大使馆也是南迁的机构之一，大使馆通知在巴黎的中国人，根据自愿的原则，可以随同南迁，也可以继续留在巴黎。

逃难途中曾经相遇的张德禄告诉钱三强一个消息，马赛与远东的海上航线并未完全中断，有时能买到去香港或上海的船票。回国的一线希望，立刻勾起了钱三强压抑已久的回国念头，他在沦陷后的巴黎，度过了1940年和1941年。虽然在科学工作上又有了不少长进，但心中总是很不安，一直思念着自己的祖国。这时听到有回国的可能性，他决定回国。

钱三强这时在法国的研究工作已经步入正轨，并且时有文章发表，也和别人合作做了两项研究，但这些都挡不住他急切想要回国的念头。钱三强随即把想法告诉了约里奥-居里夫妇，得到了他们的大力支持。约里奥-居里夫妇认为，实验室已被德军占领，科研条件与之前已不可同日而语，科研工作确实艰难前行。从安全方面考虑，他们支持所有外国学者暂时离开，规避风险，与家人团聚总好过孤身一人在异国饱受思念与担惊受怕之苦。伊莱娜还为他写了评价很高的书面文件。1941年11月

第七章　滞留里昂思前路　沉稳努力获成长

▲ 钱三强与张德禄在里昂分别时留念（1941年）

底，钱三强和张德禄结伴离开巴黎，前往马赛寻找回国的途径。

一路上，钱三强和张德禄不时打听太平洋是否平静，是否会有战事发生，所有知情者的回答都是近期绝无战事发生，因为英美在太平洋主要采取的是守势战略，而且美军还与日本缔结了《美日谅解方案》，承认日本的势力范围，允许日本取得南太平洋的资源。似乎听起来言之有理，但天有不测风云，两人刚到里昂即得到日美开战的消息。日本偷袭美国的太平洋舰队基地珍珠港，一切与远东的海上交通都断绝了。若返回巴黎又必须由德国占领当局发放入境签证。进退两难，张德禄准备改道前往美国，而一心回国的钱三强被迫在里昂滞留了整整一年。

在里昂的生活是艰苦的，许多实际问题横亘在钱三强面前。他之前获得的居里-卡内基年度奖学金已经结束，现在失去了生活来源，好在里昂有中国人开办的中法大学，是中国留学生聚集的地方，钱三强只好借住中法大学的学生宿舍，作为临时的栖身之所。

虽然中法大学有学生食堂，但是当时钱三强没有一点积蓄，穷到连学生食堂

▲ 里昂中法大学全景

▲ 里昂中法大学正门

的饭菜也吃不起了。里昂和巴黎一样，生活费用奇贵，在学生食堂吃一餐最廉价的饭，至少要花二三十法郎，还只是七八成饱，至于牛奶、鸡蛋之类，是他根本不敢问津的高档奢侈品；洗衣服的肥皂也要凭证供给，暂住人口不给发证，许多日常用品买不着，好在有几位中国学生发起"募捐"，才勉强有肥皂洗衣服，但要精打细算着用。

依靠救济和施舍过日子让钱三强苦不堪言，他急切地想要摆脱这种困境。1942年初，他毛遂自荐，到里昂大学物理研究所帮忙，同时做点临时性的研究工作。里昂大学物理系任教的比利时物理学家莫朗得知钱三强来自巴黎的居里实验室，热情邀请钱三强在研究所做正式研究课题，同时指导两个大学生的毕业论文，由莫朗代为申请法国国家科研中心的研究经费。这对于钱三强来说无疑是雪中送炭，不仅可以继续自己热爱的科学研究工作，而且还能领取薪金，解决了滞留里昂的生计问题，同时，他还可以到图书馆读自己早就想读的有关量子力学方面的著作。

在这段时间，钱三强通过自学量子力学，了解到理论物理的重要性，开阔了自己的学术思想，对他后来的研究工作产生了重要影响。钱三强用自己的亲身经历告诉我们，生活纵有苦难，但在逆境中挣扎成长、学会克服困难解决实际问题的人才算得上真正的强者，才能成为优秀人才，为国家建设发展贡献

▼ ▶ 钱三强与伊莱娜在法国-瑞士边境的结核病疗养院（1942年底）

力量!

时间过了大半年,太平洋战争随着美军在中途岛的大获全胜而出现转机,但由于日本帝国主义的负隅顽抗,战争仍然没有停歇的架势,钱三强想要回国的念头也只能暂时打消。为了做更有意义的研究,钱三强联系恩师约里奥,询问是否有返回巴黎的可能性。当他得知伊莱娜在法国-瑞士边境的莱辛结核病疗养院休养,便前去探望,伊莱娜对钱三强回巴黎工作的计划表示欢迎。

在约里奥的帮助下,钱三强几经周折,于1942年底终于拿到返回巴黎的证明文件离开里昂,以法国国家科学研究中心奖学金获助者的身份回到巴黎,继续在居里实验室和法兰西学院核化学实验室开展他的原子核物理研究工作。

▼ 钱三强在法国-瑞士边境的结核病疗养院(1942年底)

第八章 科学合作结情缘 携手共同赴辉煌

钱三强回到巴黎不久被聘任为法国国家科研中心的副研究员，同时受约里奥委托，指导法兰西学院的两名法国研究生。钱三强把全部精力都用在研究上，1943年发表了六篇论文。

一封来自异国的信，让他想起了清华园的一位女同学。1943年上半年，同样滞留德国的何泽慧突然给钱三强写信请求帮忙，因她与家人已中断联系颇久，希望钱三强能想办法与国内通信，帮她向亲人转达平安消息。这封信打破了钱三强平静的内心，也消除了二人相隔七年未见的生疏感。钱三强脑海中的印象愈见清晰，他们是清华大学物理系的同班同学，同窗四年的经历，使钱三强对这位来自江南园林之城苏州的女同学有较深的了解。何泽慧朴素文静、秀外慧中、自强独立的个人品质给钱三强留下了很好的印象。

刚入清华时，社会还有歧视女性的风气。物理系有教授劝说女生转系转校，但何泽慧不服，和几个女生一起据理力争。在她们的坚持抗争下，系里同意她们试读一个学期，学习跟不上一定要转走。最后，全班八个女生有三人坚持读到毕业，何泽慧便是其中之一。在校期间，何泽慧非常勤俭克制，同学们一直以为她家境普通，殊不知何泽慧的外祖母是振华女中的创办人王谢长达，父亲是留日的辛亥革命元老何澄，他们家在北

▲ 清华大学物理系八级毕业合影（1936年，前排左起王大珩、黄葳、许孝慰、何泽慧、于光远，后排左起钱三强、杨镇邦、陈亚伦、杨龙生、谢毓章）

平王大人胡同有一处能开进小汽车的"真山园"家宅。出身名门望户的何泽慧从不炫耀家世，这些也是在良好家风熏陶下养成的习惯。

1936年毕业之后，一心想要为抗战出力的何泽慧被兵工署拒之门外。此时何泽慧了解到祖籍山西的阎锡山当局资助本省的大学毕业生留学，她可以选择继续深造。当时德国的兵工技术举世闻名，于是何泽慧便利用资助前往柏林攻读弹道学，这似乎是一个与女生离得较远的专业方向，这样的专业选择出于她想用自己所学打败侵略者。在当时那个年代，女性出国实现报国梦，其艰辛和所遇到的重重险阻只有本人才能体会到。

好在何泽慧得到光谱学教授帕邢的帮助，解决了住宿问题；进入柏林高等工业学院，得到著名物理学家汉斯·盖革的指导，研究测量子弹飞行速度的方法，于1940年获得博士学位。当时第二次世界大战已经全面爆发，何泽慧滞留德国，无奈进入西门子公司工作。随着中德断交，她与国内的联系也中断了。

1943年上半年，钱三强意外收到何泽慧的来信。许多年后，他依然记得这封信的内容："大意是说，她与国内的家人已中断音信很久，问我有没有办法与国内通信，希望我能帮她向亲人转达平安消息。"钱三强立即按何泽慧提供的地址给她的父亲何澄去了一封信，转告了何泽慧在德国的情况。不久，何泽慧终于收到了家中父母的信件。

远在异国他乡、深处战争旋涡的两个游子，因此次联系而开始了更深入的交往。他们都曾以学业为重，而今双双获得了博士学位，频繁的通信似乎有说不完的话。

1943年底，何泽慧为了安全前往海德堡，师从核物理学家瓦尔特·博特教授。何泽慧的研究领域与钱三强越来越接近了。

1943年12月31日是德国的"除夕节"，何泽慧想起了远在法国的钱三强，给他寄了一张自己的照片，背后写着"一个小纪念"。

钱三强收到照片后，立即给何泽慧寄了一张自己的照片，背面写道："致亲爱的何小姐：您的大学同学的一个小纪念，钱三强。1944年1月20日。"

两张小小的照片，拉近了两人的距离。

何泽慧一到海德堡就转而从事原子物理的实验研究工作，这也是当时世界各国科学家竞相参与的领域。博特对何泽慧非常和善，她在这里感受到了家庭般的关爱与温暖。何泽慧对自己能够遇到这样一个

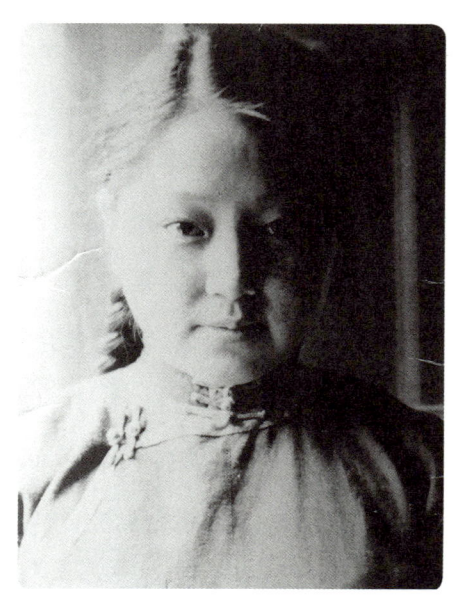

▲ 何泽慧寄给钱三强的照片（1943年12月31日）

▲ 钱三强寄给何泽慧的照片（1944年1月20日）

好长辈心怀感激，直言是自己运气好。

1944年8月，巴黎解放。1944年底，经约里奥推荐，钱三强升任法国国家科学研究中心研究员。1945年6月，随着英法恢复科学合作，钱三强作为法国代表前往英国布里斯托尔大学等实验室学习数月。钱三强与何泽慧都进入了核物理研究领域，共同话题多了起来。

何泽慧凭借对科研敏锐的嗅觉，将一张新近观察到的正负电子奇特弹性碰撞的径迹照片和测量结果寄给正在英国布里斯托尔大学的钱三强。时值英法宇宙线会议在那里召开，钱三强将其向会议进行报告，意外引起了与会者的热烈反响和好评。英国《自然》杂志还称赞何泽慧的发现为"一项科学珍闻"，因为正电子与负电子相遇而不湮没的概率非常小。

心有灵犀的首次成功合作加快促成了两人的珠联璧合。钱三强给何泽慧写信讲述了与会学者的反响并祝贺她，何泽慧拿到信后立刻回复并决定来法国，一是与钱三强见面，二是寻找中国大使馆。钱三强还记得，1945年的冬天，当他开门看到何泽慧的刹那惊呆了，而且没想到何泽慧竟然只提着个小箱子就到了巴黎。这个小箱子里只有一些邮票，以及云雾室照片和

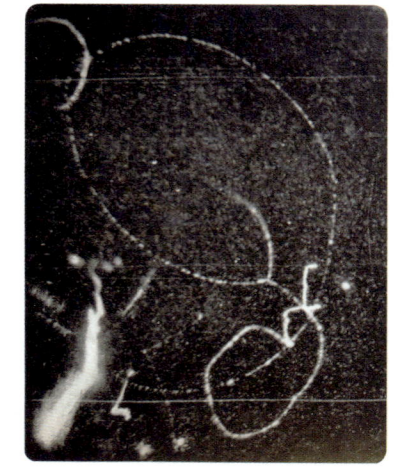

▲ 何泽慧发现的正负电子弹性碰撞的照片

第八章 科学合作结情缘 携手共同赴辉煌

曲线图等实验资料,由此足以看出何泽慧雷厉风行、干脆利落的行事风格。

何泽慧在巴黎的短暂时间里,他们除了一起讨论实验照片和曲线图,参观实验室,还一起领略了塞纳河上的落日,在埃菲尔铁塔上欣赏了巴黎的夜景。经过这次巴黎"碰撞",两颗本已相通的心终于融合到了一起。

1946年春天,何泽慧正式离开德国,与钱三强在巴黎相聚,他们到中国驻法国大使馆办理了结婚手续,当晚在"东方饭店"举行了简朴而隆重的结婚晚宴。

约里奥-居里夫妇罕见地穿着礼服双双光临并致辞,明确表示了对婚宴主人的好感与器重,这等荣耀在法国科学界极为罕见。

他们制作了一块结婚纪念章,和约里奥-居里夫妇一样,他们也把各自的名字连在了一

▲ 钱三强与何泽慧结婚照(1946年)

▲ 钱三强、何泽慧在巴黎公园留影(1946年)

▲ 钱三强、何泽慧婚后在巴黎莫东住所前留影(1946年)

▲ 钱三强和何泽慧的结婚纪念章

起,"泽慧-三强"。刻有两个重要的日子:1945年12月8日,在巴黎重逢,1946年4月8日,结婚。使用了民国纪年,寄托着游子对祖国的思念。

此后,何泽慧也来到法兰西学院原子核化学实验室和居里实验室,与钱三强共同从事原子核物理的实验研究,夫妇二人携手扶持,结成科学伴侣,共同开启了辉煌的科学生涯。

第九章 赴英交流开新域 重核裂变有发现

随着德国和日本法西斯的先后投降，法国的科研机构逐渐恢复正常，钱三强的工作渐入佳境。1945年至1946年上半年，他先后在《法国科学院公报》《物理学与镭学学报》《物理学手册》《物理评论》等刊物上，发表研究论文和实验报告8篇。其中，具有代表性的是两篇发表在《物理评论》第69卷上的文章，即"镤 α 射线的精细结构"和"RaD 的 γ 射线"。代表钱三强更高水平的科学成就，是从1946年下半年开始的关于重原子核三分裂和四分裂现象的发现，发表研究文章共十几篇。这项工作得益于第二次世界大战后兴起的英法科技合作。

▼ 钱三强、何泽慧夫妇与王大珩在剑桥（1946年）

▲ 钱三强、何泽慧夫妇与周培源、王大珩在剑桥（1946年）

1945年6月，钱三强受法国科研中心派遣，参加法国科学代表团前往英国，任务是到"各实验室实习数月"。他曾到伦敦大学帝国学院拜见了小汤姆孙教授（1892—1975），了解其实验室核物理方面的研究情况，但未能进入实验室从事研究工作。他还前往伯明翰，与老同学王大珩见面。王大珩思想进步，与钱三强志同道合，两人共同成为我国科技事业的开拓者。

1945年9月25—27日，布里斯托尔大学物理系组织召开了英法宇宙线会议，这是第二次世界大战后该领域的首次国际会议，包括约里奥-居里夫妇、俄歇在内的15名法国科学家前往出席会议，钱三强是法方代表团的成员。会上，布里斯托尔大学的鲍威尔教授（1903—1969）介绍了应用核乳胶探测重带电粒子的方法，以及如何进一步提升乳胶的产品质量的主要技术问题。会后，伊莱娜建议钱三强留在布里斯托尔，跟随鲍威尔学习核乳胶技术。因为钱三强在1942年滞留里昂期间，曾研究过 α 粒子在照相底版上的作用。1945年9月至11月，钱三强在布里斯

第九章 赴英交流开新域 重核裂变有发现

▲ 核乳胶技术的开创者鲍威尔教授

托尔大学停留了近两个月，他掌握了运用核乳胶做实验的技术，并学习到一些诀窍。

回到巴黎后，受约里奥-居里夫妇委托，钱三强领导由沙士戴勒、微聂隆和法拉吉夫人组成的乳胶小组，为在法国率先用核乳胶开展研究工作奠定了基础。最初的工作包括标定依尔福公司刚刚出品的乳胶板，通过测量径迹的长度和颗粒密度来确定粒子的质量和能量。

1946年7月22日至27日，钱三强与何泽慧两人共同前往英国，参加英国物理学会和卡文迪许实验室联合在剑桥举办的国际基本粒子与低温会议。就在这次会议上，剑桥大学卡文迪许实验室的李弗西报告了他们用核乳胶板研究原子核裂变的工作。带电的裂变碎片相互分离，能够在乳胶板上留下径迹。由于核乳胶板能够同时记

▲ 中国物理学家在剑桥合影（1946年，左起胡济民、梅镇岳、胡宁、彭桓武、周培源、何泽慧、钱三强、吴大猷）

55

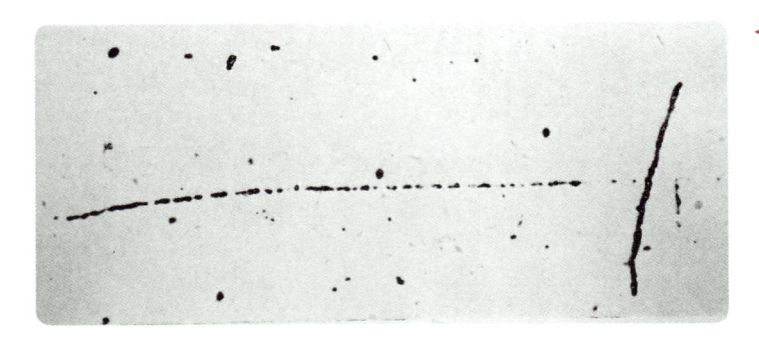

1946年李弗西展示的径迹照片，短粗的径迹为两个裂变碎片的反向运动，细长的径迹被解释为其中一个碎片的二次分裂

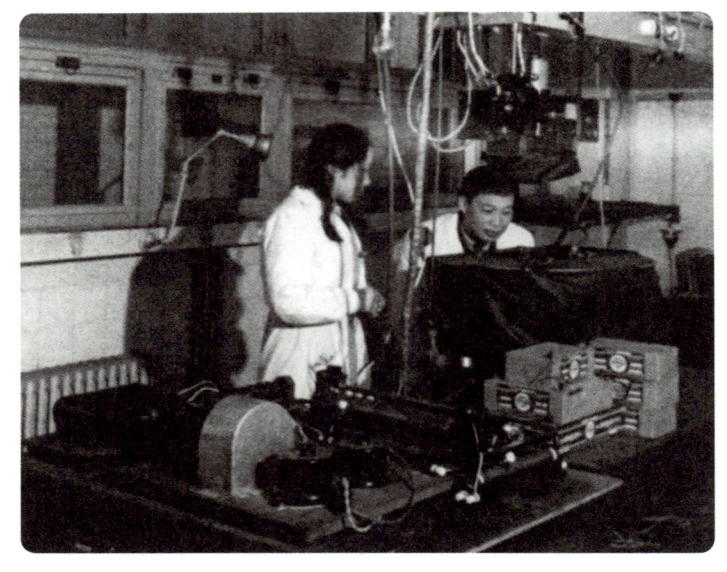

钱三强与何泽慧做铀核三分裂和四分裂的实验（1947年）

录大量的裂变径迹，因此可以从中发现一些稀有现象。报告在最后展示了产生三个带电粒子的裂变，即三叉形状的径迹，其中一个质量较轻，报告人认为这是一个裂变碎片发射出的 α 粒子，约在400例裂变中会有一个。

鲍威尔在著作中同意李弗西的观点，认为细长径迹是二次分裂，与第一次无关，并且很可能是 α 粒子。钱三强注意到这个问题，他的研究兴趣开始逐渐转向铀核的分裂机制研究。

第九章　赴英交流开新域　重核裂变有发现

1946年10月初，鲍威尔到巴黎参加会议并讲学，钱三强热情接待了他。鲍威尔将李弗西在剑桥展示的照片交给他，并答应随后寄送论文以及最新的乳胶材料。鲍威尔离开巴黎后，钱三强立即着手利用核乳胶开展铀核分裂的研究工作。何泽慧、沙士戴勒和微聂隆都加入进来。利用法兰西学院的加速器，在10月份，钱三强小组就找到多个三分裂实例。

在核乳胶中，裂变粒子的径迹非常细微，只有一根头发丝直径的三分之一，必须用高倍显微镜分别测量三条径迹的长度、深度和角度，再根据能量守恒和动量守恒，定出粒子的质量和能量。但当时高倍显微镜属于稀有仪器，即使居里实验室也只有一件，由伊莱娜本人专管专用。起初钱三强有顾虑，怕她为难不便开口借用，犹豫中他试探性提出后，没想到伊莱娜答应得非常爽快："这没有问题，你可以随时使用。"

长时间测量非常辛苦，在显微镜下暗淡的视野里搜索那些令人捉摸不定的径迹，不仅眼睛很累，还会头痛和全身疲劳。这种工作需要坚强的毅力和耐心，只有具有敏锐和细致观察力的人才能捕捉到这些稀有事件。钱三强带领研究小组持续进行了好几个星期的实验，何泽慧从没有叫苦叫累，相反她做的工作比实验室

▲ 钱三强使用伊莱娜的高倍显微镜观测核乳胶中的粒子径迹（1946年）

里的其他青年都要好。实验室里两个法国青年由于耐心不够，找到的裂变原子核径迹和 α 粒子径迹比较少。何泽慧凭借着她的细致、耐心和孜孜以求，是找到了最多径迹的实验参加人。自然，他们研究小组最后的收获也非常大，观察到了大量的二分裂径迹，也找到不少三叉形径迹，是当时世界上几个做此研究的实验室中获得三叉形径迹实例最多的。

钱三强研究小组观察到数量众多的径迹后，下一步关键是弄清楚这些三叉形径迹的性质。那就是"对每一个三叉事例进行细致的、精密的测量，测量出三条径迹各自的长度（粒子在核乳胶中的射程），判断它们是不是在同一平面上，测出三个夹角的角度，必要时测量沿着径迹各段的颗粒密度。"

在大多数情况，三条径迹在同一平面上（共面），其中两条径迹短而粗黑，第三条径迹细而长，颗粒较稀。经过实验结果与理论分析，钱三强断定三叉径迹是同时发射的三个裂变碎片，解释为"三分裂"要比"二次分裂"更为合理。11月18日，钱三强小组经过计算发表"俘获中子引起的铀的三分裂"，正式提出"三分裂"

▲《中国现代科学家（五）》纪念邮票上的钱三强（2011年，以四分裂径迹为背景）

第九章 赴英交流开新域 重核裂变有发现

观点。

更为激动人心的是，1946年11月22日晚上，何泽慧在观察照射后的C2核乳胶板时，发现了一个四分叉的径迹，几乎在同一个平面上。次日，经与钱三强讨论，认为是首例四分裂现象。钱三强看到并确定这一实例后，立即将照片送给老师约里奥－居里夫妇，并在照片右上方写道："献给我们的导师约里奥－居里夫妇；钱三强，何泽慧；巴黎，1946年11月23日。"照片下方则是：俘获一个慢中子引起的铀的四分裂。12月23日，他们发表了研究论文"铀核四分裂的实验证据"。

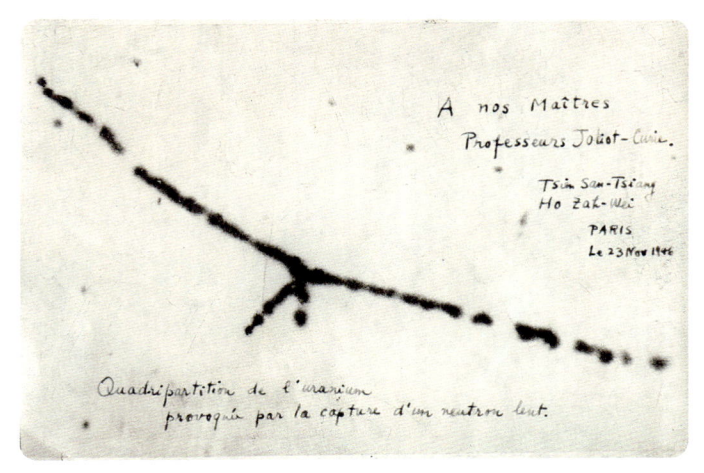

▲ 钱三强送给约里奥-居里夫妇的铀核四分裂径迹照片

就在何泽慧发现"四分裂"的同一天，世界科学工作者联合会在巴黎召开执行理事会，钱三强作为执行理事参加了会议。中国是世界科学工作者联合会的发起国之一，在执行理事会中占有两个席位。

钱三强和何泽慧最终完成了研究论文"铀核三分裂与四分裂的能量与几率"，发表于1947年1月27日出版的《法国科学院公报》第224卷。之后又完成了综合性研究论文"铀核裂变的新模式——三分裂和四分裂"。钱三强和他的团队也因这篇充满科学性，并且被视为本研究领域的经典文献之一的文章而受到国际同行的重视。

约里奥不仅支持钱三强的研究结论，而且反对科研成果保密："我们遵循国际科学界的准则和传统，决定立即公开发表它。我们反对某些国家把基础科学研究

▲ 钱三强参加世界科学工作者联合会的第二次执行理事会（1946年，前排左三约里奥、左四贝尔纳，后排站立者左一伍斯特、左二叶渚沛、左三钱三强）

列入保密范围的做法，反对独占各国都作出贡献的知识成果。"1947年春季，约里奥在巴黎的一次国际会议上宣布这项发现时说，这个发现是"国际合作的产物"。没有约里奥积极倡导第二次世界大战后英法科学交流，没有钱三强到英国学习核乳胶技术，没有何泽慧从德国前往法国，这一发现将无从谈起。

钱三强凭借出色的科研成绩，赢得了法国科学界的认可。1946年底，法国科学院授予钱三强亨利·德巴微物理学奖，钱三强是获得该项奖励的唯一中国学者。1947年夏，34岁的钱三强升任法国国家科学研究中心研究导师，这是外国学者极少能获得的学术职位。1985年，已经离开法国37年，且年逾古稀的钱三强，又获得一项象征法国国家荣誉的褒奖——由法国总统亲自签发的"法兰西荣誉军团军官勋章"。

第九章　赴英交流开新域　重核裂变有发现

◀▼ 钱三强在法国驻华使馆接受"法兰西荣誉军团军官"勋章（1985年）

61

第十章 惜别恩师求报国 归途坎坷风云起

第二次世界大战后短短两年，钱三强凭借自己过硬的科研实力，在法国科学界赢得了显赫的学术地位。在别人看来，钱三强在法国一定会有光明的发展前途和可观的经济收入。他与何泽慧已在巴黎建立了幸福美满的家庭，身边的很多人都认为钱三强一定会留在法国继续干下去。

面对接踵而来的科学成就和荣誉，钱三强和何泽慧一直坚守初心、心系祖国。他曾说："我和泽慧都很清楚，继续留在巴黎，对自己的科学工作当然是十分有利的；回到贫穷落后、战火纷飞的中国（当时解放战争将进入转折阶段），恐怕很难在科学研究上有所作为。不过，我们更加清楚的是'虽然科学没有国界，但科学家都是有祖国的'。正因为祖国贫穷落后，才更需要科学工作者努力去改变她的面貌。我们当年背井离乡、远涉

▲ 钱三强在实验室（1947年）

重洋，到欧洲留学，目的就是为了学到先进的科学技术，报效祖国。我们怎能改变自己的初衷呢？我们应该回到祖国去，和其他科学家一起，使原子核这门新兴科学在祖国的土地上生根、开花、结果。我们渴望回到离开了十年之久的故土，决心为祖国的富强、进步，贡献自己的力量。"

钱三强始终没有忘记自己到国外求学的初心，始终没有忘记自己1937年登船出国时心中定下的报国梦，并为此一直奋斗着。欲要回国的钱三强

▲ 钱三强在巴黎植物园（1947年）

收到了北京大学、清华大学、北平研究院，南京的中央大学、中央研究院五家院所的真诚邀约，北京大学甚至将正式的聘书寄到了钱三强的居所，还给钱三强夫妇汇了八百美元的归国路费。钱三强深知，在落后的中国发展现代核科学，最好是几家主要学术机构合作，集中人力、物力、财力，避免重复建设。对于成立原子核物理研究中心的计划，清华大学给予了积极的回应，且清华大学自身拥有实力雄厚的物理系，因此钱三强接受了该校邀请。北平研究院还为钱三强和何泽慧成立了专门的原子学研究所，钱三强作为兼任研究员担任所长，何泽慧为专任研究员。两人最终决定于1948年春回国。

与钱三强一样立志报国的科学家还有很多，彭桓武也是其中之一。1947年夏天，彭桓武到布鲁塞尔出席"国际大学教授会议"，专程绕道巴黎看望钱三强和何泽慧。他们见面除了谈天说地、畅聊未来，不约而同都谈到了回国的打算。彭桓

武对钱三强回国后想促进国内机构和人员联合起来发展原子能科学的想法大加赞赏。此时他们的心中只希望饱经风霜的祖国能够尽快安定下来，并约定回国一起好好干。虽然二人都没有直白地说要回去搞原子弹，但是当时美国已在日本投了原子弹，说一起好好干，彼此便也都明白其中的含义。回国后二人竟真的成了相互信任的合作伙伴，一起为祖国的原子核事业挥洒热血。

1948年4月中旬，钱三强到恩师约里奥-居里夫妇的住所向他们辞行。约里奥-居里夫妇起初并不赞成钱三强此时回国，约里奥说："作为一个科学家，说实话，我不希望你这个时候回到战乱的中国去。你现在回国，不可能立刻顺利做科学工作，时间是宝贵的。如果还没有作最后决定，我希望你在巴黎再留些时间，

▼ 钱三强与约里奥-居里一家（1948年）

现在正是你科学上的重要时期。"钱三强清楚地知道，这是恩师真切地为自己考虑，但即使这样也没有打消他回国的念头。钱三强动情地向约里奥表达了自己的心情："我同样想到了这些，也是舍不得离开这里。我的科学生涯是在您和伊莱娜夫人指导下开始的，我永远不会忘记这一点。但同样，我也从来没有忘记我的祖国，现在我的国家很落后，正需要发展科学技术，我想尽早回去为祖国效力。"说到了对祖国的热爱，约里奥夫妇已经没有再劝说的理由了，因为他们本人就是最炽烈的爱国者，他们愿意为了拯救自己的祖国出生入死，他们比任何人都明白为了祖国付出一切都值得。

钱三强和约里奥谈及了回国后的具体计划，在选择南方还是北方的问题上，约里奥凭借他对国际政治形势的敏锐度和判断，认为钱三强回到中国北方、回到北平的选择是正确的。虽不舍钱三强离去，但

▲ 钱三强（右）回国前与约里奥–居里夫妇合影（1948年）

▲ 钱三强、何泽慧一家回国前在巴黎卢森堡公园合影（1948年）

约里奥最后还是选择尊重钱三强的决定，正如约里奥说的那样："我个人希望你多留一时，但是我完全能理解你的理由，因为假如我处在你的地位，我也将采取同样的决定。"

钱三强对恩师的感情溢于言表，他动情地说："这些年，我除了科学上的收获，在爱国精神方面受您的教益很多，我体会到，科学虽然没有国界，科学家却是有祖国的。"约里奥非常认同这一点："在这方面，居里夫人是我们的榜样。科学家应该是爱国者，不然，科学为谁而用呢！你回去为祖国服务，这是很自然的事情。"事已至此，约里奥已经明白，钱三强的这个决定是经过慎重考虑并且坚定无比的。

▲ 钱三强、何泽慧一家在邮轮上（1948年）

4月26日，约里奥-居里夫妇共同签署对钱三强的评语——两页写满法文的纸，由伊莱娜亲笔书写，伊莱娜和约里奥各自签名。据法国科学界证实，约里奥-居里夫妇共同签署对一个外国学者的评议，而且书写如此之长、之具体、之全面，仅此一例。

1948年5月，钱三强同何泽慧怀抱不满半岁的长女乘"Andre Lebon"号轮船踏上回国之路。钱三强一家三口在海洋上航行了一个月零八天，一路颠簸劳顿，更让人胆战心惊的是航行路途中此起彼伏的"小麻烦"，屡屡有身份不明的人来盘问。由此可见国内的政治局势已是风起云涌、山雨欲来。所幸他们最终有惊无险到达上海。伴随着几声长笛，轮船徐徐驶进黄浦江，钱三强面对阔别十一年的祖国，顿时心潮澎湃，终于回家了！

巧合的是，上岸的码头正好是十一年前钱三强登船远去的码头。十一年过去，这里除了更加破旧脏乱、多了许多乞讨的人群外，景色没有什么太大的变化。前来迎接的是何泽慧的弟弟何泽诚，他正在《时事新报》晚刊做实习记者。何泽诚为人热情爽朗，跟钱三强讲了很多有趣的故事，令钱三强顿觉家乡的亲切。

麻烦的事情还是发生了。钱三强在离开法国时的行李，包括衣服和书籍等共装了九个木箱，再加上代北平研究院买的一箱书籍杂志。当何泽诚到海关提取行李时，却被海关告知钱三强的十箱行李统统被扣留了。衣物、钱财属于小事，书籍丢了也固然可惜，钱三强最担心的却是行李中那点"数年集得之放射物"，是他未来在国内开展研究工作中不可复得的宝贝。钱三强为此亲自跑到海关去理论："没有带任何违禁物件，为什么要扣留？你们如果不相信我说的，可以当面验查嘛。"再三追问下，海关人员回答："这是执行命令，我们无权检查。"

为了取回行李，北平研究院上海镭学研究所的陆学善以研究院的名义去海关交涉，回答还是那句"执行命令"。后来时任中央研究院总干事的萨本栋到沪迎接钱三强和何泽慧夫妇，他以中央研究院官方名义与海关交涉，同样无济于事。北平研究院副院长李书华在收到钱三强的信后，也立即跟海关交涉，他无奈地告诉钱三强："恐已无用矣。"这些线索联系起来真相算弄明白了，扣留钱三强行李的既不是政府当局也不是海关方面，而是美国的某个机构，目的就是让北平的原子核物理研究计划泡汤。

▲ 梅贻琦亲拟的催促钱三强到校电文（1948年）

钱三强内心坦荡，索性推迟北上的行期，先送何泽慧母子回苏州老家，然后趁机在上海和南京两地与师长、朋友和学界同仁们见面，相互交流、讨论心得、举办讲座。中央研究院等学术机构虽极力挽留，并许以重任，但钱三强回到北方的承诺从未变过。

清华大学的梅贻琦、叶企孙由于担心钱三强被南京、上海留住，打乱组建北平联合原子核物理研究中心的计划，派叶企孙8月3日飞赴上海，当面催促钱三强北上，同时8月6日梅贻琦亲拟电报发至苏州何府催行："苏州十全街151号何宅转钱三强先生，盼早日来校并示行期。"8月底，钱三强终于北上北平，经多方多次交涉，行李也在被扣押近两个月后取回。

第十一章 白手起家原子学 一笔外汇启新路

1948年8月，钱三强回到了一直牵挂的北平。他首先做的是陪伴母亲，换上长袍的钱三强融入家庭，补偿这十多年来未尽的孝道。母亲的身体已大不如前，钱三强把母亲接到自己居住的东四泰安巷北平研究院宿舍住上一段时间，让她享受晚年的平静时光。1949年2月，北平解放，钱三强担任了清华物理系主任，白天在清华园努力工作，晚上还要马不停蹄地赶回城里，照顾弥留之际的母亲。

▲ 钱三强一家与母亲合影（1948年）

在母校清华大学，钱三强最常出入的地方就是科学馆，他在这里讲授普通物理和现代物理课。据很多听过他课的学生回忆，钱三强的课非常受欢迎，讲课生动有趣，不仅本系的学生爱听，外系的学生也经常来旁听，甚至外校的学生也会专门赶来听课。钱三强的课如此受欢迎，由于他能够用深入浅出的语言描述复杂的科学知识，而且语言生动活泼、引人入胜，再加上他传奇的经历，许多学生都对他怀有敬仰之情。看到学生的学习积极性这么高，钱三强非常高兴，他主动提出来在中法大学开设一门原子物理学课，每周讲一次，这样各个大学的人都可以自由来听。钱三强在如此忙碌的情况下还能坚持不懈地教导学生，只为能够培养出更多对祖国建设事业有用的人才，推进祖国原子科学领域的发展。

钱三强的到来，让北平学界酝酿已久的"原子热"一度沸腾。9月9日，北平研究院隆重召开十九周年纪念大会暨学术会议第二次会议（学术会议相当于院士

▲ 北平研究院十九周年纪念大会暨学术会议第二次会议开幕（1948年）

第十一章　白手起家原子学　一笔外汇启新路

▲ 钱三强在北平（1949年）

会议），同时正式宣布组建原子学研究所。钱三强与何泽慧正式到职，着手置办仪器设备。北平研究院内的镭学研究所已改组为物理学研究所结晶研究室，仍设于上海。9月22日，钱三强收到"原子学研究所"的橡皮图章，开始白手起家。

对钱三强来说，更大的苦恼在于北平的学术机构对组建原子核科学中心的计划兴味索然，以前的承诺似乎化为一纸空文。他逐一登门拜访清华大学校长梅贻琦、北京大学校长胡适，却都被以各种理由推脱。就连北平研究院副院长李书华，也认为能做的只有定期开个讨论会。面对这种情况，钱三强并没有过多怨言，而是总结认为："不是中国没有发展科学事业的能力，也不是中国缺乏仁人志士，更不是中国人智力低下，最主要的原因是当政者腐败无能。"

实际上，钱三强的计划遇阻，一方面是国民党在北平的政权摇摇欲坠，不再谋求发展科学；另一方面的重要原因是美方的干预，美国奉行核垄断的政策。身为法国共产党员的约里奥呼吁全世界科学家反对美国的政策："美国不仅制造核武器威胁世界和平，还试图霸占和垄断科学知识。"约里奥早已因此成为美国当局的眼中钉，约里奥的学生钱三强也被美国使馆重点关注。在当时仰人鼻息的国民政府的统治下，钱三强回国后开办的原子核研究中心的计划自然遭到美国使馆的反对，只是梅贻琦、胡适没有告知钱三强内情罢了。

钱三强在北平的生活是忙碌的，不仅在清华大学授课，还兼任北平研究院原子学研究所所长，这是我国最早成立的专门开展核科学研究的机构，可以说钱三强与何泽慧一起为开创我国核科学事业作出了重要贡献。

组建原子学研究所经历了常人想象不到的艰难。建所之初，全所只有六个人，除了钱三强兼任所长、何泽慧任研究员外，还有一名助理员、一名技术员、一名技工和一名事务员。所内几乎没有仪器设备供开展研究使用，受严重通货膨胀的影响，研究院每月拨给的研究经费只够买十几只真空管，和钱三强在居里实验室的条件相比天壤之别。但钱三强没有灰心放弃，他和何泽慧一起骑着自行车，大街小巷地跑。他们去过旧货摊，翻过废品站……费尽周折淘回来一台旧车床。他们利用这个旧车床，试着自己做一些简单的设备。在原来镭学研究所开始的"二氧化铀之晶体结构"课题基础上，钱三强计划对各种氧化铀的晶体结构做些基本的研究探讨。为了工作的方便，他还专门安置了暂时的住处，打算专心致志投入科研工作。

1948年11月，北平研究院接管了东城大取灯胡同一处住房，拟用作原子学研究所的研究室，正在布置整理的时候却被国民党军队占据。1948年12月中旬的一天，北平研究院总干事杨光弼神色紧张地到钱三强家里告诉他："南京国民政府派来飞机接一批学术教育界知名人士南往，钱先生的名字列在其中。"随即把登机通知交给钱三强。原来，南京政府在风云飘摇的情况下，谋划所谓的"平津学术教育界知名人士抢救计划"，让这些人员乘机南往。北平研究院副院长李书华于12月21日南飞，连院务都没有交代。而包括各所所长在内，绝大多数研究人员选择了留下。1949年1月，北平研究院组织"院务临时

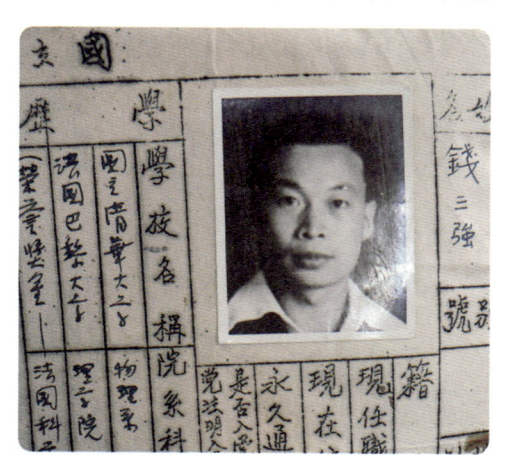

▲ 钱三强在北平研究院的登记材料（1949年）

第十一章 白手起家原子学 一笔外汇启新路

维持委员会",由杨光弼任主席,徐炳昶和顾功叙任委员。当时严济慈还在昆明,听说北平和平解放的消息,随即动身经香港返回北平。

钱三强就这样被迫卷入了政治旋涡,但决意不去南京是钱三强早已拿定主意的事情,即使承受最危险的后果。他对杨光弼说:"家中老母病重,孩子又小,我不能在这个时候离开她们去南方,请体谅。"杨光弼明白钱三强的意思,好心提醒说:"钱先生若决意不南往,最好先找地方避一避,以免出现意外。"钱三强急忙离开北平研究院的宿舍,住到清华园暂避风头,迎接新政权的到来。

3月1日,北平研究院被新政权接管,钱三强被增任为院务维持委员。维持时期,由维持委员会和各所所长组织院务会议,每周开会一次商讨时局。9月21日,政治协商会议在北平隆重召开,钱三强和严济慈代表北平研究院参会,会上两人虽未发言,但都感到想说的话都已经有人说了,高兴得只有情不自禁地拍手。经过各种学习,钱三强的思想"一天天发生了变化",发展科学的宏图也在酝酿之中。

钱三强晚年曾谈到,科技实力是当今衡量一个国家综合国力的重要标志,具

▲ 参加第一届政协会议的民主青联的代表合影(1949年,后排左三廖承志,右一吴晗,右二钱三强)

备一个好的尊重知识、尊重人才的社会环境，是发展科学技术必不可少的条件。为了让科学在落后的中国生根发芽，打破帝国主义对科学的垄断和对华封锁，我们党和科学家同心同德，谱写了信任与忠诚的传奇故事。

1948年12月17日，位于北平西北郊区的海淀解放，清华园也随之发生了翻天覆地的变化。物理系的学生由于革命热情高涨，希望从物理专业改学更实用的专业，有的甚至选择弃学从政、从军。这时，清华大学的新领导想到了钱三强，希望钱三强能做一下学生的思想工作。钱三强教授和同学们座谈，除了讲物理学是如何"有用"之外，还谈到了中国的大好革命形势，中国建设的光明前途。在谈到这些激动人心的事情时，钱三强慷慨激昂地说："要知道，一个人民政府，如果是为人民谋利益、对人民负责的政府，我认为就必然会发展原子能。到了那个时候，不要说你们班上这些有限的学生，再加十倍也不够！"没想到的是，钱三强在这里说的"预言"，不久便成了现实，甚至超出了他自己的预料。

北平很快迎来了解放，党组织对钱三强给予了极大的信任，不仅任命他为清华大学物理系主任，还增补为北平研究院维持委员会三人小组成员。1949年3月，钱三强被选为中国人民和平代表团代表，出席在巴黎召开的世界保卫和平大会，大会主席正是弗雷德里克·约里奥-居里。这个消息令钱三强倍感欣喜，他想这正是难得的好机会，借这次去巴黎，托约里奥订购一些急需的仪器设备和图书资料。可是此时此刻国家能拿得出外汇购买科学仪器吗？他抱着试试看的心理，向北平文管会的丁瓒作了汇报。

丁瓒问钱三强："估计要带多少外汇？""这次要买的仪器是做原子科学研究最急需的，而且别的国家不可能卖给我们的，"钱三强想了想说，"总估算约20万美金吧。假如一下子拿不出那么多，这次带5万美金也成。"他心里最想买的是一台中型回旋加速器的电磁铁。

虽然丁瓒作了谈话记录，但从他的表情钱三强觉得事情没有什么希望了，并且为自己的冒失内疚："战争还没有停息，怎么可能在这种时候拨出外汇购买科学仪器呢！"

3月22日，中共中央机关离开西柏坡的前一天，周恩来签发了批复的电报。中央领导人进北平后第三天，钱三强被约到中南海，出面接待的是中共中央统战部部长李维汉，"今天约你来，是商量一下你提的那个建议，中央研究过了，周恩来副主席认为很好。清查了一下现库，还有这个力量，决定支持你的建议。20万美金不是一次使用，先拨出5万美金供你使用。"

由于法国当局的阻挠，一些国家的代表团无法获得签证，大会在布拉格设分会场。4月20日，第一次世界保卫和平大会开幕。钱三强在扬声器里听到了熟悉的声音，那是约里奥在开幕式发表讲话。约里奥谴责了法国当局屈服于压力的不公正行为，激愤地说出了后来流传广泛的那句名言——"真理的旅行是不需要签证的！"全会场响起热烈的掌声和欢呼声，人们敬佩他对西方强权政治的公然藐视，感激他对渴望和平人民的支持和鼓舞。约里奥又说，召开本次大会的首要任务是维护和平、反对战争，全世界共同制止原子战争，还提到了各国科学家应在反对战争中所承担的特殊责任。

钱三强没有机会见到约里奥，购买仪器和图书资料也就无法按原计划进行，钱三强与刘宁一商量，决定从5万美金专款中，支取5000美金现钞托约里奥的好友转交。

约里奥收到钱三强转交给他的美金后，生怕发生意外，他亲自把美金包好埋藏在自家花园的树下。约里奥以自己实验室需要为借口，打听购买方法，或者托朋友购买，还写信到英国请人代购。

约里奥帮助购买的一些原材料和小型仪器，都通过中国科学家顺利带回国了，1951年10月杨承宗回国时，约里奥还托他带话给毛泽东主席："你们要反对原子

钱三强画传

▶ 第一次世界保卫和平大会的布拉格会场（1949年，前排左起马寅初、郭沫若，三排中为钱三强）

▼ 出席首次世界保卫和平大会的代表途经沈阳（1949年，左五为钱三强）

▲ 中国人民和平代表团前往波兰华沙出席第二次世界保卫和平大会（1950年11月，前排中为郭沫若、马寅初，后排中为钱三强，其右为丁瓒、严济慈）

弹，你们必须要有原子弹。原子弹也不是那么可怕的，原子弹的原理也不是美国人发明的。"

新中国发展原子核科学的第一笔外汇，按现在看数额不大。然而，亲身经历了这一事件的钱三强却铭记于心，终生未忘。

第十二章 建言草案绘新图　群英汇集核基地

　　从布拉格开完会的钱三强回到北平，不过短短两个月的时间，他切身感受到北平城的巨大变化。当时科学技术界正发起组织全国自然科学工作者代表会议（简称科代会）筹备促进会，经过酝酿首先提名拟定了205名筹备委员，后又选举出35名常务委员，负责科代会的筹备工作，钱三强均列名其中。

　　1949年7月13日，中华全国自然科学工作者代表会议正式筹备会在东黄城根中法大学礼堂举行，邀请各界来宾近百人，实现了中国科学技术界前所未有的大团圆。钱三强更是此次会议的活跃分子，应丁瓒的要求，他还要注意在场各位科学家的专长、成就与学术见解，以备新的政治协商会议提出组织、调整全国统一的科学研究机构方案，提供领导参考。

　　当天下午，让钱三强为之一振的是周恩来向会议作的报告。周恩来一直是留法学生的偶像，这也是钱三强第一次见到他。他用形象生动、朴实无华的语言，讲述政治与自然科学的关系问题、自然科学的理论与实践问题、普及与提高问题等众所关心的问题。他语重心长地勉励科学工作者通过实践认识中国共产党，靠拢中国共产党。周恩来讲道："不久的将来，我们必须成立为人民所有的科学院，希望大家参加筹划。"

　　会后，钱三强参与起草科代会筹委会提出"设立国家科学

▲ 中华全国第一次自然科学工作者代表大会筹备会（1949年，前排左二为钱三强）

院"的提案，计划在即将举行的全国政治协商会议提出。钱三强在坚持"科学为人民服务"意识下，强调了两个方面：

一是科学院将成为工农业及国防解决科学理论及技术问题的最高机构。这一点必须在基本任务中明确表示，以纠正过去科学研究与现实脱节和散漫放任的自流趋势。二是科学院必须担负起计划并指导全国科学研究的任务。

而且，科学院的另一任务必须把重点放在提高方面，这一点如无明确规定，很容易使科学界误会政府只偏重应用科学而不关注基础科学或理论研究。正是钱三强的清醒和远见，新成立的中国科学院得以较好地反映了科技界的主流认识。

1949年10月25日，政务院第二次会议通过了科学院建院方案，命名为"中国科学院"，职能为："有计划地利用近代科学成就以服务于工业、农业和国防的建设，组织并指导全国的科学研究，以提高中国的科学研究水平。"中国科学院的基本任务有三项：①确立科学研究的方向；②培养与合理分配科学人才；③调整与充实科学研究机构。

中国科学院初创时期，科学工作各方面的政策、方针、规章、制度都有待制定，中央人民政府第三次会议选出了中国科学院的领导机构，郭沫若被任命为院长，陈伯达、李四光、陶孟和、竺可桢为副院长。钱三强也是中国科学院的领导成员之一，搬家到地安门东大街的科学院第一宿舍，与竺可桢、陶孟和、吴有训等副院长毗邻而居。虽然年资尚浅，但钱三强被竺可桢誉为"科学院最初组织时之灵魂"。

在院行政体系方面，钱三强了解法国科学的体制，也于1949年5月陪同郭沫若访问过苏联科学院。根据苏联和法国的经验，为加强科学研究的计划性，钱三强认为，未来的科学院一定要有一个研究计划处，即他后来担任副局长的计划局；科学家要发表学术论文和著作，各种专门学会的刊物还需要办下去，科学院是面向全国科学家的，有责任帮助他们发表研究成果，因此要设编辑出版处（即编译局）；为了发展科学事业一定要与其他国家进行学术交流，为此应该设一个对外文化处（即联络局）。这就奠定了中国科学院最早的一厅三局的行政结构：办公厅、计划局、编译局、联络局。

1949年11月，中国科学院正式开始办公。钱三强作为研究计划局副局长，配合局长竺可桢，在规划中国科学院各研究所的调

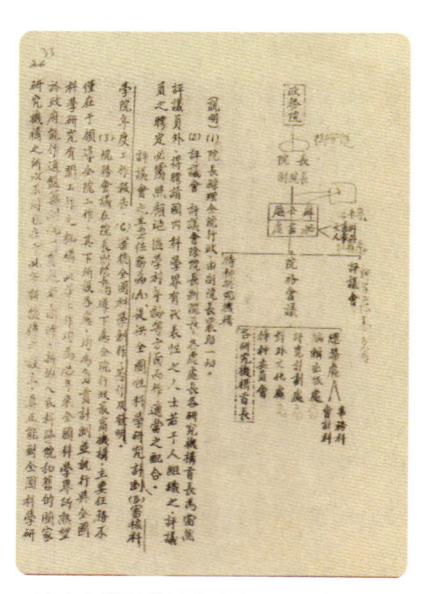

▲ 建立人民科学院草案（1949年）

整方面作出重要贡献。计划局在建院初期发挥了关键作用，主要负责两项最紧迫的打基础工作：第一项是接收原中央研究院、北平研究院等旧有研究机构，并且提出新的调整组建方案；第二项是调查全国范围自然科学研究机构和全国现有专家情况，了解其所长，以便发挥作用。各研究所的调整改组和负责人的拟定，实际上由计划局主导完成。从1949年底到1950年初，竺可桢和钱三强制订了改组研究所的计划，主持召开了8次专家座谈会，讨论了各研究所的调整、新所建立、发展方向等，拟定了各所所长名单。虽然计划局人手不多，但竺可桢和钱三强密切合作，工作顺利有序地开展。

以计划局对全国自然科学专家的调查为基础，中国科学院从近千名专家中选取各学科领域的知名专家，聘为专门委员。1951年，钱三强亲自手写了数理化、生物、地学三个大组的178位委员名单。专门委员具有学术顾问性质，虽然当时限于条件，没有充分发挥作用，但为以后设立学部和选聘学部委员打下了基础。

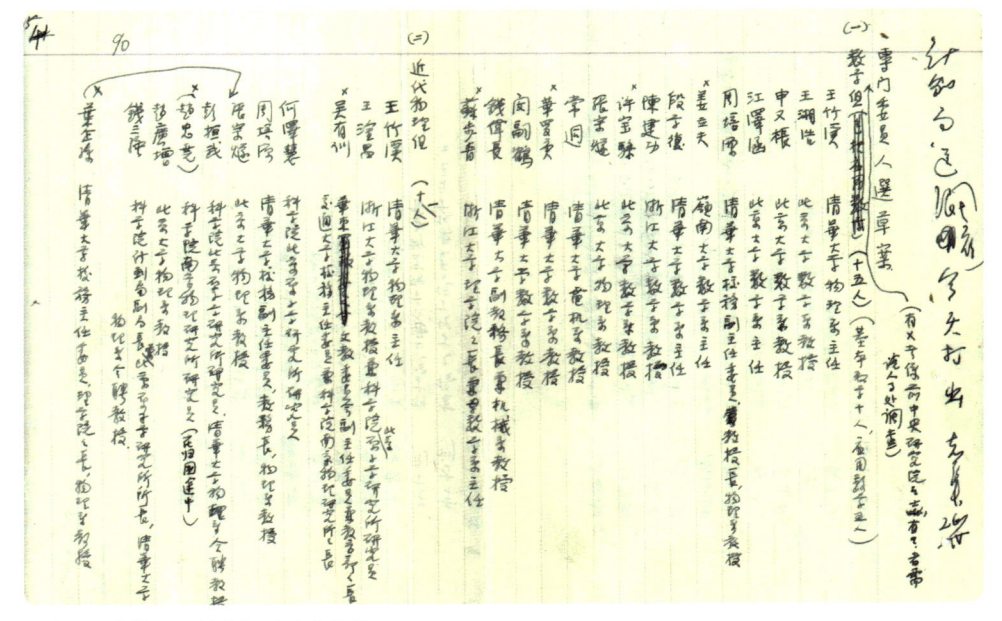

▲ 钱三强亲笔手写的专门委员会名单

▲ 核科学创业时期的钱三强（1950年）

虽然工作如火如荼地展开，但钱三强这段时间却常常感到痛苦，因为他必须放弃自己热爱的科研事业，从事自己不那么擅长的科学组织管理工作。特别是发现自己个性太强，有许多不合适的地方后，愈发苦闷，甚至萌生了回研究所埋头搞科研的念头。但在向上级请辞无果后，只得服从组织的安排。钱三强深知，"人民的胜利不是一件容易的事情，每个人都应当为祖国作出自己的贡献，如果自己能够用一生的某个时段来参加国家的重建工作，这也是为胜利而牺牲。"毫无疑问，如果钱三强继续潜心研究，肯定会在科研上有更突出的成果，但是为了振兴中华，钱三强选择了另一条道路，投入了组织管理工作。

正是这种为了国家大局哪里需要就去哪里的牺牲精神，成了那个时代最宝贵的精神财富。这种精神激励着一代又一代的青年学子们不断成长，为国家需要、为人民服务而不断前行，直至取得一个又一个的胜利。

钱三强一直心系核科学发展，早在参与规划新中国科学体制的时候，就已经迫不及待要把原子核科学放在各学科首位。原子科学在中国应该怎么起步？钱三强曾拜访请教物理界前辈和同仁，中国科学院建院后，钱三强拟定了原子核物理计划，又立即召开近代物理座谈会，邀请叶企孙、吴有训、周培源、严济慈等知名科学家，共同商讨研究机构的设置和学科发展方案。专家们最后达成了共识：中国物理学的发展必须改变人员分散、各自为政和科学研究脱离实际需要的局面。根据理论和应用的划分，物理类的研究机构改组为近代物理研究所和应用物理研究所。近代物理研究所的工作范围包括原子核物理、宇宙线及低温物理，为原子能应用做准备。1950年1月,钱三强又说服在上海的吴有训担任近代物理研究所所长,自己任副所长,直到1951年2月才接任所长。

钱三强按照设想为中国科学院制订了未来发展原子核科学的计划,着手从国内外延揽科研人员。清华大学原来也想自己建立原子核物理实验室,但当时校务副主任委员周培源坚决支持先成立中国科学院的核科学中心,校务主任委员叶企孙和副主任委员吴晗都同意这个意见,因而清华大学物理系的彭桓武、金建中、李德平、黄祖洽、陆祖荫等都集中到中国科学院。钱三强和彭桓武在回国前就定了"好好一起干"的目标,钱三强也非常信赖彭桓武,凡是有关科学方面的消息都习惯向彭桓武说,听取他的见解。彭桓武对此印象非常深:"我记得三强在调整原中央研究院和北平研究院的物理机构,成立中国科学院的应用物理研究所和近代物理研究所时,在人员上取得清华大学和浙江大学的积极支援,形成原子核方面的全国一盘棋的集中格局。"

钱三强与何泽慧联名给浙江大学教授王淦昌写信,邀请他到北京一起共同筹划核科学的研究计划并从事核物理学方面的研究工作。王淦昌收信后立即到北京,在中国科学院第一宿舍见到了钱三强与何泽慧。王淦昌和钱三强夫妇过去并无交

▼ 北京东黄城根甲42号的近代物理研究所

往，他们互相介绍了工作经历，重点讨论了如何开展核物理研究，一致意见是利用云室开展宇宙线研究是当时最为可行的实验核物理工作。

1950年，曾参观过美国的原子弹试验，后在加州理工学院进修的赵忠尧要回国，钱三强为近代物理研究所即将增加一员大将而非常高兴。但是赵忠尧在回国途中被驻日美军扣留，其在南京的家眷因此在生活上有了困难。钱三强知道这个消息之后，随即和吴有训紧急给郭沫若写了一封信，说明事情的情况和缘由，希望院方能对赵忠尧家给予一定的生活补助，直至他到所工作为止。就这样，赵家凭借这笔生活补助得以度过那段艰难的时光。1951年初赵忠尧回国，为近代物理研究所带回了宝贵的加速器零部件。

为了争取人才，钱三强进行了周密而又合理的部署，主要做了以下三方面的工作：①尽量争取科学家、教师和技术人员来所工作或兼职；②争取在国外的中国科学家及留学生归国参加工作；③选拔国内优秀的大学毕业生来所培训。当时在钱三强心里就已经预想好，如果要建立一个新兴学科的研究所，必须要形成高级、中级、初级研究技术人员的金字塔结构。彭桓武对此深有体会："由于有亲身的经历和体会，三强在求才、育才、用才方面做得很出色，有特点。他吸收各方面的专长者，又注意富有经验者与年轻有为者配合，既便利培养，也提高了工作效率。"

为了吸纳人才，钱三强想方设法邀请国内各方最强的科学家到近代物理研究所来工作。凡是在统计物理、固体物理、金属学、化学和化工领域的人才和知名专家，他都全力争取。他竭尽全力地熟悉每个人的想法和追求、了解他们的长处和优势、熟知每个人的工作，努力做到人尽其才、知人善任，不浪费每个人的才能，争取最大限度发挥人才的优势。钱三强凭借他的真诚和智慧赢得了身边同伴的赞赏和好评，也使得他的原子能事业能够顺利开展。

▲ 近代物理所合影（1951年，前排左三起：邓稼先、彭桓武、赵忠尧、钱三强、何泽慧等）

　　钱三强的努力收到了良好的效果，近代物理研究所由初创时的十来个人，到1956年扩展到638人。一大批有造诣、有理想、有实干精神的原子核科学家，从美国、英国、法国、德国、东欧和国内有关大学、研究单位来到所里，组成了中国原子核科学的研究中心，真可谓群贤毕至，少长咸集。

第十三章 携手共谱创业史 蓝图初绘中关村

近代物理研究所设于东黄城根甲42号，原北平研究院理化楼内。该楼三层，另有地下室，经与应用物理研究所协商，二楼全部、三楼的一半以及一部分地下室归近代物理研究所。建所初期的几个月，由于实验室房屋、仪器、研究人员、工厂设备及图书等尚未到位，研究工作一时还不能展开，主要是购置一些图书仪器及实验材料，进行研究的准备工作，营造学习和研究的氛围。

1950年10月17日，刚刚访问东欧归来的吴有训主持召开了近代物理研究所第一次所务会议。这次会议上，吴有训报告了东欧各国有关原子能的研究，明确提出要使"实验核物理"在中国土地上生根的思想，要求科研人员多参加仪器设备的研制工作。此次会议初步确定近代物理研究所以理论物理（原子核物理方向）、原子核物理、宇宙线和放射化学四个领域为主要科研方向，重点放在原子核物理方面，准备建立静电加速器和高压倍加器，并进一步制造回旋加速器。

那是个物资匮乏、生活贫困的年代，初建近代物理研究所的艰难是现在无法想象的。正如钱三强所说，"你想吃面包，就得从开荒做起"。当时我国正经历着严重的经济困难，再加上西方国家的外部封锁，近代物理研究所刚建所就面临买不到设备的问题,只能组织所内人员自己动手制造。钱三强身为所长,与王淦昌、彭桓武和几位负责人带头,号召全所职工"自己动手,一切从零开始",自己设计制造仪器设备。他们到北京的各旧货市场找零件,彭桓武因到天桥的垃圾箱里翻找物品,还被当作小偷扭送派出所。

经过努力,准备原子核研究工作的各项仪器设备都逐步建造出来:为研究原子核用的威尔逊云雾室、盖革-米勒计数器、测量微小电流或电压的"直线型电压放大器",以及对原子核灵敏的照相乳胶亦初步试制成功,王淦昌为研究宇宙线从浙江大学带来的云雾室及其控制装置亦完成安装,赵忠尧领导建成了第一台能量为700千电子伏特的质子静电加速器。配合实验上的需要,电子线路的工作室及小型金工场都逐步建立起来了。

与以往的自由科研方式不同,研究所也和国家的其他部门一样,格外强调计

▼ 钱三强带队勘察中关村基地选址(1951年)

划的作用。为协助所长制订工作计划，研究所早在1950年就成立了正副所长领衔的计划委员会。随着我国制订国民经济建设的第一个五年计划，1952年10月近代物理研究所也开始制订五年计划。为突出核物理研究的中心地位，钱三强、王淦昌、彭桓武等所领导在1952年底对研究机构进行了调整，建立四个大组：原子核物理组、放射化学组、宇宙线组和理论组。

在工作分配上，钱三强从来不强调自己的科研领域，永远从大局出发，尽量优先考虑其他科学家们的研究。据曾在中子物理室工作的黄胜年回忆：20世纪50年代正是经费有限、器材紧缺的时候，所以偶尔来个器材，各课题组都非常想要。钱三强当时是所长兼任室主任，还是课题组的组长，他当着全室的同志宣布："正因为我是所长又是这个室的主任，今后凡是遇到分配经费、分配器材等问题，我们这个室，一定不能与别人争，只能吃亏，不能占便宜。"钱三强是这么说的，也是坚持这么做的。每次分配尽量先让给别人，给自己所在室的总是最少的一份。至于自己所在的课题组就更可怜了，开始时连工作场所都没有，三个人分别寄居在另两个组的房间里。课题组当时连一台起码的示波器也没有，只好用其他办法来调试，实在需要的时候就到二楼别的组借用一下，接上线路看一下波形，用完马上送还。

正是因为钱三强这种人才工作方面兼收并蓄、组织工作方面甘为人梯的大度，使得在他的任期内，所里人才济济，学术风气非常浓厚，学科门类比较齐全，近代物理研究所成为一个高水平的综合性科学中心，在我国原子能事业中起到了重要作用。钱三强总结这段时期的工作："通过这个艰苦创业的过程，的确使我们得到了锻炼，在研制设备的过程中掌握了不少技术知识，这对以后独立开展研究工作将会带来很大的好处。"

1953年10月，陈芳允领导的电子学研究所筹备处、数学研究所闵乃大负责的

第十三章 携手共谱创业史 蓝图初绘中关村

"电子计算机"并入近代物理研究所，近代物理研究所改名为中国科学院物理研究所，进一步从国内外充实了大量核物理人才。

1954年1月，物理研究所搬迁到中关村新建的物理大楼（也称原子能楼），这座大楼

▲ 钱三强（右一）与中国科学院领导在原子能楼顶上（1953年，左起李四光、竺可桢、张稼夫、郭沫若）

从1951年开始设计建造，1953年建成，是中国科学院在中关村建设的第一座大楼，被称为"共和国科学第一楼"，日后的"科学城"就从这里崛起。这座楼是按需要建造的，西侧是静电加速器大厅，大厅的天花板上安装了起重吊车，可以伸到大厅

▲ 中关村近代物理研究所大楼（即原子能楼，1953年建成，2016年拆除）

▲ 全家人在特楼前合影（1960年）

的外面，将加速器的钢筒整个儿运进来。

与物理大楼同时兴建的还有几座住宅楼，为了照顾高级知识分子又建造了3座3层的"特级楼"，今天一般称特楼。14号楼（有两个楼梯单元）居中，13、15号楼（有三个楼梯单元）在两侧。钱三强和何泽慧的家也于1955年搬到了中关村14号特楼。至今楼前花坛还有一棵雪松，是郭沫若和钱三强当年种下的。

第十四章 率团访苏学先进 育才用才望长远

20世纪50年代初，全国掀起向苏联学习的热潮，钱三强也积极加入了这个行列。即使他已经40多岁，也没有停止学习的步伐，速成学了基础俄文，甚至还能阅读专业文献。1952年，中国科学院做出决议，组织代表团访问苏联科学院，学习苏联科学工作的先进经验。经过遴选，组建了以钱三强为团长的访苏代表团，代表团共有43人，其中科学家26名，涵盖19个学科。代表团中的科学家多是各个领域的精英，如数学家华罗庚、气象学家赵九章、生理学家冯德培、生物学家贝时璋等。大家坐上火车，开始了十多天的旅途。火车上的生活也是诙谐而有趣的，华罗庚还用钱三强的名字出了一首诗的上联，让大家对下联。上联是"三强韩赵魏"，而下联却令大家百般苦想，最后，还是华罗庚自己给出了答案"九章勾股弦"，他用的是代表团中另一位科学家赵九章的名字。大家听后，纷纷赞叹，欢乐洋溢了一路。

3月5日，中国科学院代表团到达莫斯科，苏联科学院院长涅斯米扬诺夫到车站迎接。代表团访问期间正值斯大林逝世，代表团参与了多次悼念活动，钱三强本人还陪同周恩来、郭沫若等人为斯大林护灵10分钟。5天后，苏联科学院才组织茶话会欢迎中国科学院代表团。

▲ 代表团抵达莫斯科（1953年，前排左二为张稼夫、左三为华罗庚、左四为钱三强、左五为赵九章）

▲ 苏联科学院院长涅斯米扬诺夫（右一）到车站迎接代表团（1953年）

第十四章 率团访苏学先进 育才用才望长远

▲ 苏联科学院为代表团举行招待会（1953年）

访问按苏联科学院的安排进行，历时三个月，除莫斯科外，还到了列宁格勒、基辅、塔什干等城市。代表团参观考察了98个各类研究机构、11所大学和一些工厂、矿山、集体农庄、博物馆等。代表团听取了苏联科学院主席团为他们准备的7个全面性的科学报告，以及多次专题性的工作介绍，内容涉及苏联科研状况的各个方面。部分中国科学家也向苏联科学界作了专业研究或综述报告，4月中旬钱三强向苏联科学界作了"中国近代科学概况"的报告。

最令钱三强惊喜是结识了苏联知名科学家——库尔恰托夫，他被誉为"苏联原子弹之父"。钱三强能与库尔恰托夫一见如故，有自己老师约里奥的功劳。库尔恰托夫说，他认识钱三强的老师约里奥，两年前约里奥曾来苏联领取斯大林和平奖，到过他的研究所参观，因为这一层关系，他对钱三强有天然的亲近感。就这样，他们从约里奥的话题开始聊起，库尔恰托夫还邀请钱三强去自己家里做客。

▲ 访苏代表团参观工厂（1953年）

▲ 访苏代表团在列宁格勒参观冬宫（1953年，前右起赵九章、华罗庚、钱三强）

第十四章 率团访苏学先进 育才用才望长远

5月24日,访苏代表团返回长春进行总结,6月17日返回北京,钱三强及代表团成员组织19场报告会,介绍访问情况和收获。钱三强总结苏联的经验,认为主要是四点:①中心环节是培养科学干部;②有目的、有计划、有重点地开展研究工作;③各科学研究机构之间既明确分工又互相配合,汇为一个有机的整体;④培养健康的学术氛围。钱三强认识到,学习苏联,有一些具体措施可以付诸实施,而有的则需要时间创造条件才能实行。在向苏联学习的过程中要戒骄戒躁,不能生搬硬套,要与中国实际相结合。钱三强将自己的经验毫无保留的发表在《中国青年》杂志上,呼吁大家理智地向苏联学习。这样的思想和认识,在当时"一边倒"全面学习苏联的大形势下无疑是难能可贵的。

此次访问的重要收获是苏联的科学领域在人才培养方面的经验和制订工作计划的方法。参照苏联的做法,中国科学院迅速设立学术秘书处,由钱三强和武衡负责组建。随后开始筹建学部,1955年成立的中国科学院学部,对中国科学体制的发展产生了深远影响。

作为团长带领代表团访问苏联,是钱三强的首次重任。他不仅圆满完成了使命,而且政治思想觉悟进一步提高。代表团党支部给他的评价是:"钱三强担任团长职务时,能够接受党的意见和领导,尊重党的工作。不仅工作上非常热情,而且学习苏联经验时也非常积极和努力。"钱三强1954年1月被批准加入中国共产党,同时也是回国知名科学家中最早入党的少数党员之一。

钱三强思想的进步离不开郭沫若院长的

▲ 访苏代表团报告汇刊《学习苏联先进科学》扉页(1954年)

启发，郭沫若得知钱三强入党的消息非常高兴，当天晚上亲笔书写了一段马克思的话相赠。这一题词一直挂在钱三强家中书房的醒目位置：在科学领域内，没有平坦的道路可走，只有那在崎岖小路上攀登不怕劳苦的人，才有希望达到光辉的顶点。

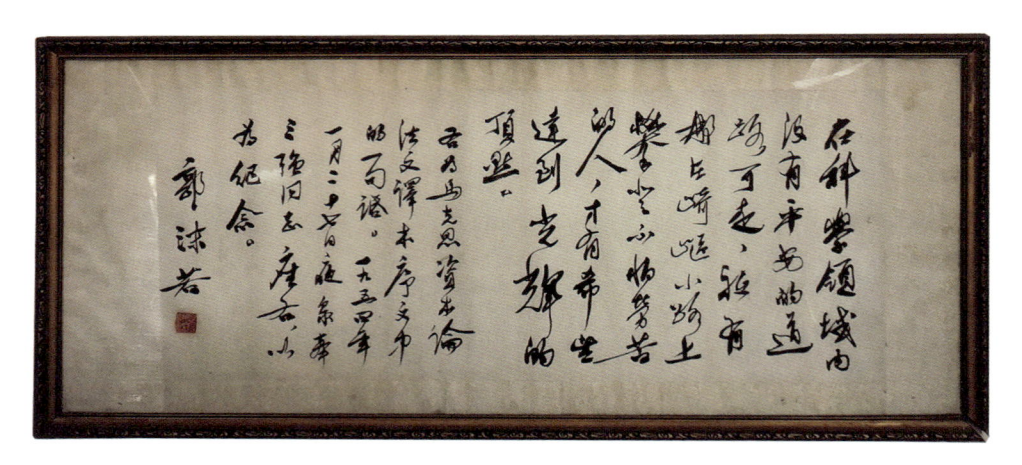

▲ 钱三强家中书房悬挂的郭沫若题词

借鉴苏联培养干部的经验，钱三强担任近代物理研究所所长期间，非常重视人才的引进和培养。彭桓武对此表示："由于有亲身的经历和体会，三强在求才、育才、用才方面做得很出色，有特点。"

在求才方面，早在筹建中国科学院之初，钱三强曾主持调查全国自然科学专家情况，了解到尚在国外的有关专家名单，对专家们他或者亲自写信，或者托人转邀他们归国到近代物理所工作。如1949年11月回国的葛庭燧，曾到近代物理研究所兼职。钱三强还给纽约的《留美学生通讯》写信，动员留学生回国服务。

在育才方面，钱三强深知培养人才对物理研究所发展的重要性。他提出要从国内各大学选拔一批物理系和数学系的优秀学生到近代物理研究所，努力把他们培养成反应堆理论和反应堆计算方面的专门人才。

初期,在近代物理研究所工作或兼职的专家,不仅从事科学研究工作,还要在所内讲课、培养青年。彭桓武、黄祖洽、金星南都在科研之余给学生授课,钱三强也不例外。他为青年学生们讲授基础课,上原子核物理课,神采飞扬地给所内同志介绍原子能科学半个世纪以来发展的历史。从贝克勒尔发现天然放射性到居里夫人发现镭,从卢瑟福的实验到玻尔的原子核模型,从人工放射性到中子的发现,从发现铀裂变到建成反应堆、造出原子弹,还穿插讲述很多科学家的趣事,激发青年工作者们的热情。钱三强一直坚持每周上一次课,从未间断过。

为了提高中国科学院近代物理研究所的新生力量,更多地培养原子能科学事业的人才,钱三强专门设立了一个培养学生的机构——近代物理研究室,代号"6组"。钱三强付出了大量的心血和精力来保证这个机构的运行。他不仅邀请浙江大学的胡济民、东北人民大学的朱光亚和北京大学的虞福春专项负责,而且专门从中国科学院争取了一笔经费,盖了教学实验楼和宿舍、订购了一批必要的设备和图书。不到一年的时间,近代物理研究所便从各重点大学选拔了第一批高年级学生,并对他们进行专门的原子能专业教学培养。以6组为基础,一年后北京大学成立技术物理系,负责培养原子能科技专门人才。

同时,钱三强与清华大学共同筹划创办了工程物理系,在准备派往苏联、东欧留学的理工科学生中,挑选与原子能事业相关专业的学生350名,改学原子能

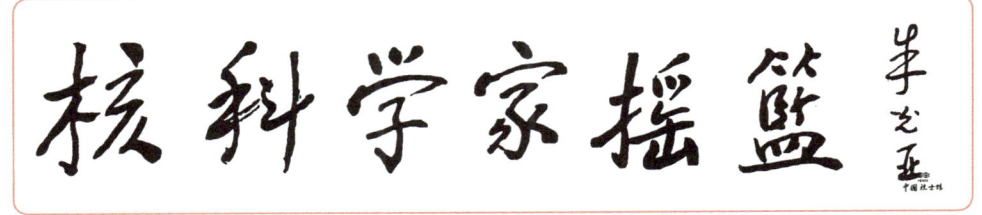

▲ 朱光亚为庆祝北京大学技术物理系建系四十周年题词(1995年9月)

宇宙自古多射线
放射化学万八年
中国科学技术大学四十周年庆典
杨承宗 九八年八月

▲ 杨承宗为中国科学技术大学建校四十周年题词（1998年）

科学、工程技术专业。1958年中国科学技术大学成立，钱三强领导的研究所又负责开办了近代物理系和放射化学系，派出赵忠尧和杨承宗分别兼任两系主任。

彭桓武曾经说："由于时代的召唤与领导的重视，近代物理研究所从成立起便是国内外有关方面的毕业生和留学生向往和聚集之地，他们克服困难、创造条件，从艰苦工作中得到锻炼培养并发挥集体的智慧与创造力"。

用才方面，钱三强经常勉励青年学子，告诫他们要努力钻研业务。他还警示青年学生们要有"不进则退"的危机感，一个人一定要在三十岁前拿出成就来。在科学技术上，要有敢于冒尖的精神，不断超越前人的成果，一代要比一代强。不仅如此，他还用多种办法激励青年人，在研究所的阶梯教室挂上居里夫人、卢瑟福、爱因斯坦、玻尔、库尔恰托夫等人的画像，并将这些科学家的生平传略贴在墙上，让青年学生们向科学巨匠们学习。钱三强一直反对追名逐利，因为他本人也是为了祖国的需要而舍弃名誉与利益的人，他一直倡导青年要服从国家需要。

钱三强每年要给新分配来所工作的大学生和研究生作报告。在讲到如何处理政治与业务的关系时，钱三强用通俗易懂的语言向大家说明："政治与业务的关系好比骑自行车，保持物体沿圆周轨道运动需要一种向心力。政治就好像给车把一个向心力，没有向心力车就会沿切线方向'出轨'，就会犯错误。但是这个力不能太大，否则也会从里面'出轨'，这条路也走不下去，所以要随时修正方向。"

钱三强在所内实行副博士论文考试。所里成立了副博士论文考试委员会，对所内的科学工作者进行考试，每次考试都会邀请所内外有关专家参加，用无记名投票方式决定考试结果。这在全国同样是独一无二的创举，为以后科学技术干部的考核提供了经验。

到20世纪50年代中期，近代物理研究所的研究室、技术室发展到十几个，不仅每个室配备了很强的专家力量，甚至重要的课题组都有专家指导，而且形成专家 - 骨干 - 青年助手的合理组合。钱三强说，这是"有计划地培养青年，既为我国原子能应用的需要做准备，也为原子核科学进一步发展在人力、物力上打好基础"。近代物理所在钱三强的带领下一步步走向辉煌。

第十五章 最高决策帮解惑 宣讲教育原子能

1945年广岛和长崎爆炸的原子弹，让全世界认识到发展科学与国家安全乃至人类命运息息相关。新中国旗帜鲜明地拥护和平，反对核武器、反对帝国主义，然而多次遭到美国的核威胁。

▲ 迈向原子能时代的钱三强（1954年）

新中国要维护国家安全和民族独立，就必须打破核垄断。中共中央领导的远见与科学家的心愿不谋而合。然而，发展原子能需要具备各种条件：首先要有一定的研究基础，钱三强领导的研究所经过几年努力已经形成了核科学基地；其次要有铀资源，地质部的多支勘探队于1954年秋天在广西发现了铀矿；最后我们自力更生的同时，还要尽力争取苏联在科学和工业方面的支援，随着一系列协定的签署，中苏双方在核科学方面有可能展开合作。因此，党中央及时抓住机遇，果断决策发展原子能。

1955年1月14日，北京城内还是冰天雪地，钱三强按照约定进入中南海，来到一间简朴的房间内。房间里有一张宽大的

第十五章　最高决策帮解惑　宣讲教育原子能

办公桌，好几种颜色的电话机整齐地摆放在桌上，旁边还摆放着一个大笔筒，笔筒里插着各种铅笔和毛笔，处处都彰显着主人的繁忙，这就是周恩来总理的办公室。相继而来的有地质学家李四光，国家建委主任薄一波，地质部副部长刘杰。他们此次是被总理约来谈原子能发展和全国铀资源情况的。

周恩来总理开场就对当时中国面临的严峻国际形势做了说明。自朝鲜战争以来美国不断推行核讹诈政策，从杜鲁门到艾森豪威尔，动辄以原子弹作威胁。一旦美国使用了核武器，中国本土将面临灭顶之灾，首都北京也将随时可能受到核武器的攻击。

钱三强听完总理的讲话后，先介绍了西方国家和苏联发展原子能的情况，又讲了原子弹和氢弹的原理及关键性的技术和设备，提出争取苏联援助建反应堆和回旋加速器的建议，最后汇报了国内聚集人才的情况和几年来已经做的工作。周恩来总理详细地做了笔记，并仔细地询问了开展这项工作的必要条件，如目前科技力量情况、设备情况、所需经费情况等。钱三强非常钦佩总理的睿智，因为这些问题是最务实、最关键的问题。钱三强总结表态，虽然开展这项工作需要面临很多困难，但是这些困难并非不能克服。之后，李四光和刘杰先后对国内的铀矿资源做了介绍。

谈话结束后，周恩来告诉钱三强等人，明天继续向毛主席和中央其他领导汇报发展原子能的问题，要求简明扼要、通俗易懂，可带仪器演示。当晚，周恩来给毛主席写了长达三页的信。信中说道："今日下午已约李四光、钱三强两位谈过，一波、刘杰两同志参加。时间谈得较长，李四光因治牙痛先走，故今晚不可能续谈。现将有关文件送上请先阅。最好能在明（十五）日下午三时后约李四光、钱三强一谈。"

第二天在中南海召开了中共中央书记处扩大会议。钱三强用生动简明的小试验做了现场演示，并深入浅出地讲述了原子弹的原理，并且提出了要想办法建反应堆和回旋加速器的建议。他讲道："我国的原子能科学研究工作，是在新中国成立后白手起家的，几年的努力算是打下了一点基础，最可贵的是已经集中了一批人，从个人的研究能力说并不弱于别的国家，还有些人正在争取回国。大家对发展原子能事业很有积极性，并且充满信心。"

李四光和刘杰对我国铀资源情况做了全面汇报，他们提到，在我国找到有工业价值的铀矿床的可能性是存在的。

会议进行热烈讨论后，毛泽东作了总结性讲话。首先，毛泽东谈了自己关于研制原子弹的想法："从主观愿望说，我们不愿意搞原子弹，我们反对使用原子弹。但是，要反对原子弹，就要掌握原子弹。掌握了它，就能打掉帝国主义的嚣张气焰。"接着，他继续说："过去几年，其他事情很多，还来不及抓这件事。现在到时候了，只要排上日程，认真抓一下，一定可以搞起来。"

毛泽东同时还带来一个消息，苏联已经同意援助我国开展原子能事业。他说："我们有人又有资源，什么奇迹都可以创造出来。"

1955年3月21日，毛泽东在中国共产党全国代表会议上向全党发出要"钻现代化的国防""钻原子能"的号召，他指出："我们进入了这样一个时期，就是我们现在所从事的、所思考的、所钻研的是钻社会主义工业化、钻社会主义改造、钻现代化的国防，并开始要钻原子能这样的历史的新时期。"

上下同欲者胜。多年后，钱三强回想起来，总是不由感慨，我们国家之所以能够快速掌握核武器，跟党中央的英明领导分不开。正是我国领导人的远见卓识和高瞻远瞩，把目光投向未来果断作出决策，才能在我国科技史上写下一篇原子弹爆炸成功的传奇故事。

1955年是世界首次原子弹爆炸十周年，反对原子武器、用原子能造福人类逐

第十五章 最高决策帮解惑 宣讲教育原子能

渐成为国际共识。1月17日，苏联部长会议发表"关于苏联在促进原子能和平用途的研究方面给予其他国家以科学、技术和工业上帮助的声明"。几乎同时，世界和平理事会通过"告全世界人民书"，在全世界开展反对核武器的签名运动。

苏联是社会主义国家中最早掌握原子能技术的国家，如果能获得苏联的帮助，中国发展原子能事业将会少走很多弯路。1955年1月31日，周恩来总理主持第四次国务院全体会议，讨论苏联部长会议的声明，他认为苏联帮助中国和平利用原子能，"这是一件很好的事情"。通过签名运动，一方面拥护苏联帮助中国和平利用原子能，另一方面反对制造和使用原子武器。周恩来总理强调，我们要使广大人民了解原子能，要进行广泛的教育和认真的工作，指示中国科学院主持原子能教育工作，组织原子能和平利用讲座。会后，在全国范围开展一场原子能宣传的群众运动，钱三强带领科学家们积极行动起来。

关于"反对使用原子武器签名运动"，钱三强1955年2月1日参加科学家小型座谈会发起签名，2月17日出席首都著名科学家及科学工作者千人签名大会。会后，钱三强和全体与会科学家在反对原子战争的"告全世界人民书"上签名，继而在全国各地发起声势浩大的签名运动。

关于"进行有关原子能的科学教育"，中国科学院于2月2日组织90余名有关科学家和教授组成宣讲团，并成立"原子能通俗讲座组织委员会"，向中央和全国各地领导干部、学生、工人、战

▲ 钱三强在坦克兵部队作反对使用原子武器的报告（1955年）

士宣讲原子能科学技术知识。

1955年2月4日下午两点,钱三强在北京西皇城根的中央财政干部学校礼堂作"原子能和平利用"首场讲演。偌大的礼堂座无虚席,除了中央领导外,各部委干部全都参加了讲座。钱三强从最基本的知识讲起,用通俗易懂的语言讲清楚了核物理学中的高深问题。此次演讲极为成功,直到五点半才结束。

随后,钱三强和其他科学家分别到部队、学校、机关、工厂作了多场讲演,讲演的主题包括"什么是原子能""人类怎样发现和掌握原子能""原子能在和平建设方面的应用""原子能在制造战争武器方面的使用""为禁止原子武器、和平使用原子能而斗争"等。根据统计材料,科学家们在各地所作的原子能通俗讲座

▼ 钱三强在坦克兵部队签名反对使用原子武器(1955年)

▲ 钱三强在北京的首场"原子能和平利用"演讲（1955年）

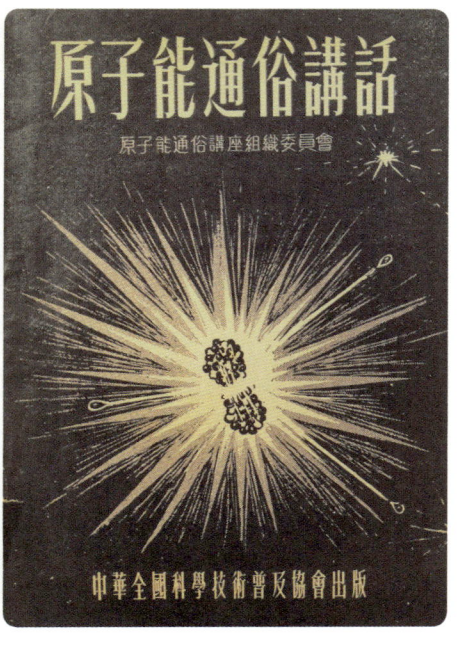

▲ 钱三强等编写的《原子能通俗讲话》（1955年）

共进行了132场，听众达16万人。讲稿经过整理，3月以《原子能通俗讲话》为书名出版，发行达20万册。从1955年上半年起，全国出现了"认识原子能，发展原子能"的热潮。

第十六章 "一堆一器"跨时代 热工实习育骨干

开展和平利用原子能的研究，有两项必不可少的设备，一个是原子反应堆，一个是回旋加速器。原子反应堆是人为控制原子裂变过程的装置，能生产各种放射性同位素，满足科研和应用的需要，还可以产生中子用来轰击原子核。回旋加速器是利用磁场和电场共同使带电粒子在回旋运动中经高频电场反复加速的装置，高速粒子轰击原子核以研究原子核的结构。只有掌握原子反应堆和回旋加速器的构造、运行和实验技术，才能独立发展我国的核科学事业。

1952年近代物理研究所在制订第一个五年计划时，便提出要建造"一堆一器"，然而以当时的工业基础和技术水平，显然困难重重。1953年钱三强率团访苏时，曾试探地询问过苏方科学家援建"一堆一器"的可能性。虽然没有得到明确的答复，但钱三强坚持不懈，多次向国家领导人阐述"一堆一器"的重要价值，以寻找两国合作的机会。1955年，国际上对原子能理论和数据的保密出现松动迹象，苏联决定在和平利用原子能方面援助社会主义国家。4月，钱三强奉命与刘杰、赵忠尧组成中国代表团前往莫斯科，签订了关于两国发展原子能事业以及为国民经济需要利用原子能的协定。

根据协议，苏联提供了两项设备，分别是一座功率为7000

第十六章 "一堆一器"跨时代 热工实习育骨干

▲ 原子能研究所的回旋加速器（1958年）

▲ 原子能研究所的101反应堆（1958年）

▲ 邮票上的回旋加速器（1958年）

千瓦的研究性重水反应堆和一台磁极直径为1.2米的回旋加速器，接受中国工程技术人员和核物理研究人员赴苏培训和实习。苏方负责反应堆和加速器的初步设计，中方负责为初步设计提供勘探资料和总平面草图，并参加审定初步设计、编制设计任务书。因此，"一堆一器"是中苏友谊的结晶。

中苏合作协议签订后，中央立即决定在国家建委下成立名为"建筑技术局"的筹建机构。1955年7月该局正式成立，钱三强担任第一副局长，第一项任务就是和局长刘伟一起围绕京郊选址，最后选定了西南郊区距市中心约40公里的房山县

107

（今房山区）坨里。坨里西北有燕山环抱，山下有一条河，东侧有土岗，正好作为实验区与生活区之间的天然隔离带。

坨里的"一堆一器"和新科研基地于1956年5月开始兴建，1958年6月完工。钱三强领导的研究所改名为原子能研究所，中关村为一部、坨里为二部，由中国科学院与二机部共同领导。9月27日，原子能研究所举行隆重的"一堆一器"移交生产典礼，中国科学院副院长张劲夫主持，陈毅副总理剪彩，聂荣臻副总理在讲话中强调："我国发展原子能科学技术是用来造福人民的！"

"一堆一器"的建成，标志着我国跨进了原子能时代，为核科学技术研究奠定了基础，也为建设核工业架起了桥梁。这是我国发展原子能科学以及和平利用原子能事业具有决定意义的事情。建造"一堆一器"期间，原子能研究所进入了发展的快车道，从1955年的一百余人，迅速增加到1959年的近两千人。为充分利用"堆器"开展实验研究工作，他们因陋就简自行研制成功50台仪器设备。反应堆从

▼ 原子能研究所坨里基地外景

第十六章 "一堆一器"跨时代 热工实习育骨干

建成到移交的3个月间,就生产制备出33种放射性同位素投入应用。钱三强高兴地把这种精神褒扬为"献身精神"。

原子能事业是尖端科技,钱三强预料到,苏联援助的设备建成以后,至少需要数以百计的研究人员。为了培养设计、操作、运行和科研的人员,在钱三强的专业把关下,一批高水平的技术干部迅速从全国各地征调而来。苏方表示接受我国科技人员在苏联的相应装置上观摩实习,于是1955年下半年钱三强率领一个实习团再度赴苏。

▲ 钱三强与何泽慧赴苏前与三个孩子(左起钱民协、钱祖玄、钱思进)的全家福(1955年)

钱三强率领的这个团对外名称叫"热工实习团",主要任务是在苏联"热工实验室"(即理论与实验物理研究所)的回旋加速器和实验性重水反应堆上实习。这是一支既勤奋又有活力的团队,共有39人,其中26人来自国内,其余13人直接从留苏的高年级学生中抽调,这支队伍中有声誉很高的科学家、有基础扎实的科技骨干、有生龙活虎般的刚毕业或在读研究生和留学生。他们这次是要对物理知识、工程技术和设备建造等方面进行全面培训和考察,实习团分成五个小组,所有成员都有明确分工,一对一地向苏联科研人员学习。彭桓武、冯麟等人学习反应堆物理及其运行维修；力一、王传英等人学习加速器理论及其运行维修；何泽慧、杨桢等人学习在反应堆和加速器上开展核物理研究。

钱三强作为总负责的团长，还与何泽慧担任了核物理实验组的正副组长。他非常强调实验物理领域中物理和工程技术相结合的重要性，一直告诫队员，现代物理已不是凭几块黄蜡或几面镜子就能做实验的阶段，物理工作者必须具备现代工程技术知识，至少要和工程专家有共同语言，能相互结合，才可能大有作为。

除了理论上的引导，钱三强还亲力亲为培养年轻人。为了在短时间内提高年轻人的水平，他和何泽慧想出了一个培训的好办法，就是利用业余时间自学加上讨论，互教互学一起提高。他们将大家组织起来，系统地学习核物理基础理论，每周开一次讨论会，每人分一个专题，自己在业余时间阅读文献，然后在组内作报告，讲给大家听，随时进行讨论。

▲ 钱三强与赵忠尧（中）在苏联参观考察（1955年）

第十六章 "一堆一器"跨时代 热工实习育骨干

培养人才的另外一个方式是参加学术活动。研究所几乎每星期都有报告会，内容范围很广。刚开始大家都不是很懂，钱三强一再向大家强调学术报告会的重要性，同时不断鼓励成员"即使听不懂也要去听，慢慢就听懂了"。很快，这种方法取得了不错的成效，几个月过去，大家都掌握了基本的知识，跟上了各自所在组的工作，并在里面发挥了明显的作用，受到苏方的一致好评。

▲ 钱三强与何泽慧在苏联（1956年）

钱三强在领导热工实习团的同时，还关心坨里基地的建设，以及发展原子能

▲ 代表团参观列宁格勒的"阿芙乐尔"号巡洋舰（1956年，前排左起赵忠尧、何泽慧、钱三强，后排右二为刘杰）

111

▲ 钱三强与赵忠尧、何泽慧在"阿芙乐尔"号巡洋舰舰炮旁留影（1956年）

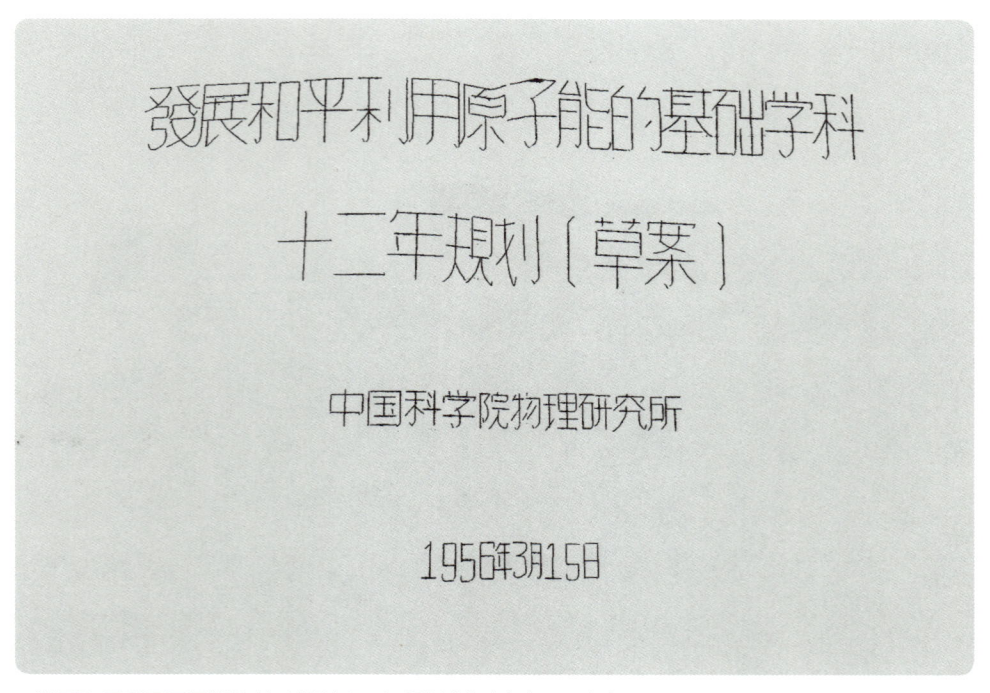

▲ 发展和平利用原子能的基础学科十二年规划（草案）（1956年）

的长远规划。一到莫斯科，钱三强就参加审查苏联援建"一堆一器"的初步设计，与苏联商洽中方实习人员的专业分配和学习安排。1956年初，刘杰、赵忠尧、王淦昌等人也到苏联汇合，他们带着"发展和平利用原子能的基础学科十二年规划（草案）"，一起讨论、参观，并听取苏联专家的意见。规划中除了要建造重水反应堆和回旋加速器外，还包括低能核物理、应用核物理、宇宙线、高能物理、放射化学、同位素制备等研究领域。这个规划成为原子能研究所大发展的重要依据。

1956年，热工实习团的成员在完成各自的学习和实验任务后陆续回国，成为后来原子能研究所的科技业务骨干。钱三强清醒地知道，我们不能长期在科学技术上依赖苏联专家，他更为急迫地邀请海外华人科学家，从国务院各部门、各高校抽调干部、科研人员、技术人员和熟练技工。原子能研究所真正成为我国核工业建设和发展的根据地，发挥了"老母鸡"的作用。

第十七章 调兵遣将为协同 实事求是勇自省

在苏联援助下，中国原子能工业进入全面建设时期，引进了包括生产高浓缩铀的工厂在内的多套工艺技术和设备，百名苏联专家来中国实地帮助解决技术问题。1956年11月，中央专门成立了二机部，宋任穷任部长，钱三强任副部长。苏共二十大后，中苏两党上层发生了分歧，我国确立的研制原子弹计划，决定以自力更生为主，争取外援为辅。自力更生为主，在科研方面就需要依靠学科健全的中国科学院，中国科学院在党组书记兼副院长张劲夫的主持下全力配合，不仅抽调了大批骨干力量，把原子能研究所交给二机部，还向半数以上研究所布置各项任务，设立专门服务二机部的研究机构。

1999年，张劲夫接受记者访谈，讲述了中国科学院与"两弹一星"的往事，专门说到"钱三强功不可没"。提起钱三强，张劲夫用"可爱的书生气"来形容他。人们通常把死板教条、不肯变通、不懂人情世故的做派，称作"书生气"。钱三强的"书生气"则是有自己的坚守，一身正气，心怀国家。

1956年钱三强在苏联实习，同时讨论发展原子能的规划。然而他回来后发现，科学规划委员会制定的"四项紧急措施"里没有包括原子能。他气冲冲地找到兼任委员会秘书长的张劲夫："张副院长，我对你有意见！"如此直白了当的话语，逗乐了张劲夫，他问道："什么意见？"钱三强立刻提出："对你们的科学

第十七章 调兵遣将为协同 实事求是勇自省

▲ 《科学时报》刊载张劲夫的"请历史记住他们"一文（1999年）

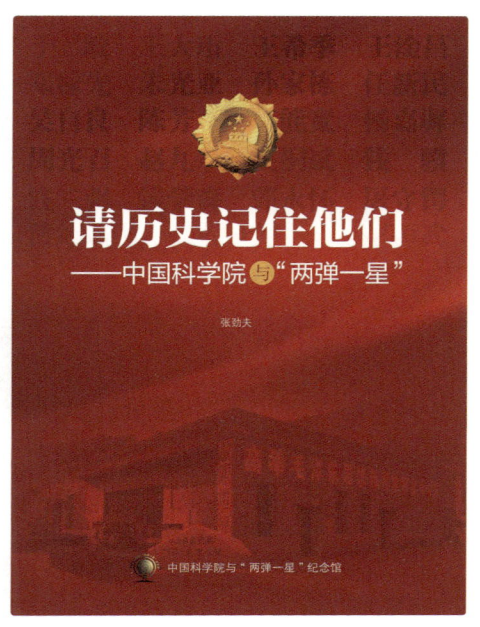

▲ 中国科学院大学印制的《请历史记住他们》（2021年）单行本

规划有意见。'四项紧急措施'怎么没有原子能措施？这是非常重要的事情啊，你怎么没有搞哇！"说完便气鼓鼓地看着张劲夫。张劲夫无奈道："三强，你冷静冷静。"张劲夫用平和的语气跟钱三强娓娓道来："原子能的事，是搞原子弹。这是国家最绝密的大事，是毛主席过问的大事啊！要另外搞绝密的单独规划，不能在这么多人中讨论这个规划。你认为没有列入紧急措施就是不重视、不支持了吗？"为了打消钱三强的顾虑，张劲夫斩钉截铁地对钱三强说："只要我们能做到的，尽量支持你，你这个原子能研究是中央任务，是第一位的任务，比'四项紧急措施'还要重。'四项紧急措施'是为你服务的啊！"

张劲夫不仅是这样承诺的，也是这样做的。在全国上下都为实现"强国梦"而奋斗的时候，中国科学院为钱三强的原子弹事业提供了最坚强的后盾。凡是钱三

115

强提出的要求，中国科学院基本上都满足了。钱三强虽然主要在二机部工作，但是遇到事情就会找到中国科学院这个"娘家"。不仅因为中国科学院有开明、识大体的领导，还因为中国科学院有解决问题的实力。"娘家"当然也没有令钱三强失望，每次他遇到问题找张劲夫，张劲夫无论再忙都会见他。钱三强接连不断地提出要求，要人、要设备、要研制新东西，中国科学院不断地提供支持与援助，给人、给设备、给一切能提供的东西，积极支持钱三强负责的原子弹事业。当然，钱三强和他的研究所"出嫁"不离家，钱三强始终参加中国科学院召开的所长会议，并且仍然住在中关村14号楼。

虽然张劲夫嘴上说着钱三强有"书生气"，但是他却对钱三强的"书生气"非常欣赏。他认为钱三强不仅有着非常优秀的组织能力和科研能力，而且为人直爽干脆，心热口直，刚正不阿，坚持实事求是的科学态度，有着高尚的个人品德。钱三强不管到什么岗位，都从不以领导者自居，没有官气，温暖热情。张劲夫知晓其品质的珍贵，"书生气比官僚气要好得多！"

"一堆一器"移交典礼的第二天，1958年9月28日，人民日报头版登载了这个消息，还配发了以"大家来办原子能科学"为标题的社论。当时正值全国"大跃进"的高潮，反应堆和回旋加速器这两颗名副其实的大"卫星"，正好给大家的火热劲头加了油。

为了快速发展我国原子能事业，在党中央的批准下，二机部响亮地提出口号："全民办铀矿""大家办原子能"。很快，这两个口号在全国范围流传开来，并宣传了三年之久。当时，钱三强是二机部副部长和党组成员，就在全社会掀起"大家办原子能科学"的浪潮之时，他不甘被批评为"保守"，向二机部党组提出了一个不切合实际的建议："各省市都搞一个反应堆和一个加速器"。建议获得批准后便成为"大家办原子能"的一项措施，在有些省市一度掀起建"堆"建"器"的热潮。

第十七章　调兵遣将为协同　实事求是勇自省

很快，钱三强便为自己的这个建议后悔了。1958年10月下旬，钱三强带领工作组到华东地区各省市开展巡回工作，任务是监督贯彻"大家办"口号的落实程度。巡回工作持续了近两个月，钱三强发现了不对劲，"出现了许多不实事求是，不遵循客观规律和盲目浮夸的情况"，许多项目后来被迫下马。

钱三强意识到了自己的错误，为自己提出的建议深感内疚，这次的教训他一直铭记在心。直到1983年，钱三强在《科坛漫话》自序中，对自己的错误仍没有释怀，并以此为教训告诫后面的青年工作者，他坦诚地说："现在回忆起来，三十几年工作中，就我个人而言，既有成功的经验，也有不少教训。这些经验和教训，除了我本人在今后的工作中吸取它，或许对于现在正在从事科学技术工作和科学技

▼ 钱三强和孩子们在紫竹院（1959年）

管理工作的同志，以及其他工作的青年同志也有某些用处。"

　　钱三强也曾因直言不讳而受到不公正对待。如钱三强向某些领导提过"用行政办法领导科学研究""办事效率低、派头大"等意见，在当时的政治氛围下，这些意见被指责"轻视党的领导"，被当成"资产阶级世界观"，反复检讨不能过关。但他始终照常工作，全心全意地服务于党的科技事业。

　　面对自己的错误敢于承认并纠正，面对自己遭受的委屈能够坦然接受并坚持奉献，这样的精神很难得，钱三强通过不断自省改正自己、修正自己，还为后辈留下有指导意义的经验教训。正是因为钱三强对待缺点和失误光明磊落的态度，让他赢得了更多人的尊敬，成为后人学习的榜样。

第十八章 临危受命"596" 排兵布阵有奇功

20世纪50年代后期，随着中苏对社会主义发展道路和国际形势的判断不同，意识形态方面的分歧愈演愈烈。加上在一些军事合作项目上，中方坚持主权独立的原则，导致苏联决定撕毁合同，撤回专家，停止援助项目。中国原子能事业遭遇重大挫折。

▲ 研制原子弹时期（1963年）

▲ 苏共中央通知暂缓向中国提供原子弹样品和设计的技术资料（1959年6月20日）

钱三强和奋战在原子能科技战线的所有人，决心用自己的双手来弥补苏联撤回专家、撕毁协约造成的损失。后来中国研制第一颗原子弹工程的代号定为"596"，也就是1959年6月苏联第一份毁约信的时间。

此前，1958年7月，为了准备接受苏联许诺提供的原子弹模型和图纸资料，二机部决定成立核武器研究所。这个所的理论部急需一位业务水平高、政治条件好、组织观念强、善于团结共事的人，还要能同苏联专家打交道，组织上请钱三强物色和推荐人选。钱三强经过一番考察，相中了理论组的邓稼先。30多岁的邓稼先，曾被钱三强从近代物理研究所挖到中国科学院学术秘书处当助手，曾做过副学术秘书，现在准备割爱把邓稼先举荐到更重要的岗位。张劲夫回忆说："三强要求调中国科学院的学术秘书邓稼先同志去，我说可以。我们另外找学术秘书，中国科学院能做学术秘书的人很多，邓稼先同志当学术秘书没有充分发挥他的长处。"

一天，钱三强把邓稼先找到办公室，开口说了一句幽默的话："小邓，国家要放一个大炮仗，准备调你去做这项工作，你觉得怎么样？"邓稼先立刻意识到这是指爆炸原子弹，心里咯噔了一下。但一时来不及细想，随口便说："我能行吗？"钱三强细讲了调到哪里去，做什么工作，工作中急迫需要注意和解决的问题，然后拍了拍邓稼先的肩膀，这就算敲定了。

不久，邓稼先就走马上任了。他从此隐姓埋名，舍家弃业，痴心于那个"大炮仗"，成为"两弹"功臣。

邓稼先的同窗好友杨振宁得知此事后，对钱三强的慧眼识人表示佩服。邓稼先一直对钱三强怀有知遇之情，他任核工业部九院院长后仍念念不忘。1985年春，他和胡仁宇一起登门看望钱三强，并送给他原子弹爆炸20周年的纪念品。邓稼先还专为他在九院创建时所做的重大贡献表示感谢。

第十八章　临危受命"596"　排兵布阵有奇功

苏联原子弹模型的交割一拖再拖，1959年6月20日，苏共中央正式写信给中共中央，借口苏联与美英正在谈判禁止核试验协议，决定暂缓向中国提供原子弹教学模型和图纸资料。1960年7月，苏联政府照会中国政府，单方面决定次年撤走全部在华苏联专家。事实上，照会之前在中国尖端技术部门工作的苏联专家，以"回国休假"等名义已经开始撤离。刚刚起步的中国原子能事业出现了严重困局，一批"半截子"项目上无法上、下不能下。工程技术设计、专用设备研制、新型原材料供应以及生产等，都遭受极大挫折，给原本困难的国家经济雪上加霜。

苏联专家撤走，二机部就必须依靠自己的力量建设核工业，研制原子弹。宋任穷部长找到钱三强，让他要有一半时间坐在部里，负责提名选调高水平科技专家。钱三强觉得这个任务异常艰巨，首先要确定核工业和核武器方面的需要，还要清楚国内现有哪些高级科技人员，知己知彼才能物色到胜任的人选。钱三强兼任中国科学院计划局局长，计划局在建院初期曾对全国科研机构和大学的知名专家做过调查，钱三强查阅了专家们的履历和学术材料，并通过有关人员进一步了解。他后来回忆，这段时间的工作要比坐在原子能研究所时繁重得多。

1960年3月，根据仍在执行的合作发展原子能物理的协定，钱三强和二机部几位主要领导全部前往莫斯科。钱三强从原子能研究所带了几位业务骨干刘允斌、钱皋韵、胡仁宇等同行，尽可能利用最后机会与苏联科学家进行交流，多学些东西。

钱三强还到杜布纳联合核子研究中心参加例会，在那里有二十多位中国学者，钱三强向他们开诚布公地讲述苏联专家撤退以后中国发展原子能遇到的困难，中国只能靠自己建设自己的国家。在这种形势下，作为一名中国的科技工作者怎么办？大家的观点基本一致，那就是一定要为中国的富强贡献自己的力量。在杜布纳的中国学者起草了一封致二机部领导的联名信，要求回国工作："我们时刻准备

▲ 钱三强（右三）与彭桓武（右二）、刘杰（右四）、赵忠尧（右五）在杜布纳联合核子研究中心成立全权代表会议上（1956年）

放弃我们的基础研究，接受国家交给的任务"。周光召、何祚庥、吕敏一起代表党支部将联名信交给钱三强。

就在这个关键时刻，中共中央及时作出新决策：自己动手，从头摸起，准备用八年时间搞出原子弹。钱三强临危受命，团结全国原子能科技战线的科学家、工程师、领导干部、工人，拧成一股绳，义无反顾地投入发展中国原子能的伟大事业中。

在这项任务中，钱三强不仅是"参谋"，适时适地发现问题、提出对策建议、不让难题卡壳；而且还是桥梁和纽带，多方协调、彼此衔接、调兵遣将、组织攻关……钱三强办公室的日历台上，密密麻麻地记满了他要办的事项，一切只为了能够研制出原子弹，实现心中的"强国梦"。在普及原子能科学知识、培养推荐科学技术人才、建立综合性核科研基地、引进和吸收外来技术、组织领导重大科技

第十八章　临危受命"596"　排兵布阵有奇功

攻关和科技协作等方面都有钱三强的身影，他起到了无可替代的作用。在钱三强的带领下，他和研究所的科研人员们一起自力更生、艰苦奋斗，攻克了铀同位素分离、点火中子源研制、钚的提取与氚的生产工艺、燃耗测定方法等一系列关键技术，为我国原子弹、氢弹的研制工作立下了汗马功劳。

20世纪50年代末60年代初，对于中国的原子能事业来说是一个"卡脖子"的年代。不单是苏联毁约企图置中国尖端技术于死地，同时西方敌对势力也蠢蠢欲动，试图阻止中国成为一个有核国家。在这样的严峻形势下，钱三强不仅向中国科学院各研究所直接分配任务，还肩负起了向核武器研制的关键岗位输送人才的使命。

在原子弹研制进入关键时刻的1961年，为了加强全面协作的组织领导，国防

▼钱三强在长城（1961年）

科委主任聂荣臻指示成立二机部和中国科学院协作小组。小组由五人组成，刘杰、钱三强代表二机部，张劲夫、裴丽生代表中国科学院，刘西尧代表国防科委。通过小组协作，便于充分发挥中国科学院有关研究所的力量，更紧密地为原子弹和氢弹服务。钱三强和中国科学院副院长裴丽生北上沈阳、长春、哈尔滨，南下上海、湖南，亲自向各科研单位布置攻关研究任务。据统计，1961年中国科学院各有关研究所承担的任务达83项，计222个研究课题。

▲ 钱三强在中国科学院西安光机所检查工作（1963年）

原子能研究所聚集了一批能应对各种需要的人才，而且都能以事业为重，以服从需要为荣，甘愿做无名英雄。钱三强了解这批骨干的特点和所长，知道什么样的任务交给什么人最合适，做到量材而用。

1959年，核武器研究所所长李觉将军希望找一位既精通业务又擅长组织协调的干部，钱三强推荐了朱光亚。朱光亚是原子能研究所物理实验室的副主任，担任过原子能研究所的学术秘书，当时年仅35岁。钱三强后来解释推荐他的理由是：第一，他具有较高的业务水平和判断事物的能力；第二，他有较强的组织观念和科学组织能力；第三，能团结人，既能与年长些的室主任合作得很好，又受到青年科技人员的尊重，因此他可以调动整个研究室的力量支持新成立的研究机构；第四，他年富力强，精力旺盛。钱三强的提议，经二机部党组讨论，顺利通过。

实践证明，朱光亚不仅把担子挑起来了，很好地完成了党和国家交给的任务，而且成长为我国国防科学技术工作的组织者、领导者之一。

1961年，原子弹研制进入决战阶段，各个系统都需要攻关的学术带头人。钱三强意识到自己的研究所应起表率作用，便主动向二机部党组推荐了两位副所长王淦昌和彭桓武，到核武器研究所担任副所长，他们分别是我国最优秀的实验物理学家和理论物理学家。此外，钱三强认为还需要力学方面的高水平人才，他找到力学研究所所长钱学森商量，将郭永怀调到核武器研究所。

1962年，原子弹靶场开始筹备，原子弹试验是一个十分复杂的、集多学科为一体的高科技试验。仅就核试验靶场可以开展的技术项目就有上百个，需要立即着手立项研究，国防科委副主任张爱萍委托钱三强提出负责人选。经过考虑，钱三强推荐了南京大学物理系程开甲，调原子能研究所的忻贤杰、陆祖荫和吕敏等骨干前往协助。经过两年多的时间，在程开甲等的领导和广泛协作下，研制成一千多台核试验控制、测试、取样的仪器设备。

为加强二机部的技术领导，钱三强还推荐了金属研究所张沛霖、厦门大学化学系陈国珍、石油学院副院长曹本熹到二机部担任总工程师。

回望许多科学家的那段人生转折性的经历，几乎都和钱三强有一定关系，彭桓武说"三强向来有知人善任，顾全大局，打破本位主义的思想"。宋任穷对钱三强的贡献做了很好的概括："钱三强同志在我国原子能事业的创建与发展中，有独特的贡献。在普及原子能科学知识，培养推荐科学技术人才，建立综合性核科研基地，引进和吸收外来技术，组织领导重大科技攻关和科技协作等方面，做了大量工作，起到了别人起不到的作用。"

第十九章 级联理论分离膜 攻克点火中子源

1960年前后正值国家经济困难时期，核工业为了缩短战线，二机部决定集中力量建成"一线"铀线，暂停"二线"钚线。因此，生产浓缩铀的气体扩散厂就成为一线工程的重中之重，该厂的有利条件是基本建设完工，但工艺技术极其复杂。由于尚未掌握工厂启动和运行的级联理论，也没有原材料六氟化铀。

原料问题，二机部决定利用过去土法生产的粗制铀化合物，经过清洗加工成四氟化铀，再转换为六氟化铀。中国科学院化学研究机构众多，不仅承担了各环节的研究攻关任务，还建立起生产工厂保证供应。最后生产六氟化铀的615研究所附属于原子能研究所，由钱三强亲自领导。

级联理论的研究，钱三强开动脑筋思考合适的人选。他想到刚从美国回来的女科学家王承书曾从事过气体输运力学的理论研究。

1956年王承书和丈夫张文裕一道回国，两人同时被分配在原子能研究所。为了回国为新中国作贡献，王承书可谓是费尽心机。她将九百多公斤重的图书资料，按美国规定的重量标准6磅一包，分成三百多包，陆续从几个邮局提前寄回国内姐姐家。有人问她为什么要急着回国，她说："我们是中国人，祖国百废待兴，我们不能等别人来创造条件，我要亲自加入创造条件、铺平道路的行列中。"

1961年3月的一天，钱三强约王承书谈话。他没有向王承书隐瞒其中的困难，直截了当地问："承书同志，你愿不愿意隐姓埋名一辈子，而且要吃苦。"王承书虽感觉有些突然，但凭直觉马上想到钱所长这样谈话，肯定有特殊任务交付。为了工作，隐姓埋名和吃苦她都不在乎，回答很干脆："我愿意！""那好。你去搞核气体扩散，把那里的理论搞起来。"钱三强介绍了扩散厂的严峻形势，并特别提醒："理论研究要为气体扩散厂上马铺路搭桥。"

很快，王承书进入绝密的615研究所。她既搞培训又做研究，经过不到一年时间，培养出我国第一代铀同位素分离理论队伍。后来她又带队出现在环境恶劣的边疆，走进厂房眼前是使人焦急而又激发责任感的景象：一排排机器，有的安装完了，有的零乱地搁置一旁等待安装……建设者们期待王承书等人能够尽快掌握技术数据、给出方案，在数千台机器都安装好时，能顺利开启铀-235浓缩技术的大门。

铀同位素分离有许多关键技术，其中气体扩散机上的核心元件——扩散分离膜，称得上是核心中的核心。那时只有美、苏、法掌握扩散分离膜制造技术，并且都被列为最高绝密级技术机密。苏联称它为"社会主义安全的心脏"，实际上，即便在中苏关系融洽时，他们也绝对不让中国科学家靠近此技术一步。

▲ 王承书（右一）在研究原子弹的装料工作

核物理学家钱三强是知道气体扩散法分离铀同位素的原理的，也清楚在当时铀同位素分离三种方法（电磁分离、离心分离和气体扩散法分离）中，气体扩散法是唯一工业规模的方法。但其中许多技术问题，特别是扩散分离膜元件的制造技术，钱三强和中国科学家都不清楚。

20世纪50年代末，钱三强开始在原子能研究所组织人员对气体扩散分离膜进行调研。1960年5月，成立以钱皋韵为首的研究小组，抽调近20名科技人员，对扩散分离膜开展探索研究。8月，他又从复旦大学调来化工专家吴征铠负责技术指导。

吴征铠1958年曾组织研究队做分离铀同位素的探索工作。这次他接受任务后思考的问题是，制造分离膜的原料该用什么路线合成？分离膜的原料是一种金属粉末，如果用实验室方法来制备，显然不适合大规模生产需要。经过仔细分析，吴征铠等决定采用另一种方法。通过多次试验，他们用这种方法生产出了合格的金属粉末，取得了可喜的进展。

局部的进展不等于就弄懂了扩散分离膜的诀窍，因为扩散分离膜的制造涉及粉末冶金、物理冶金、压力加工、焊接、金属腐蚀、物理化学、电化学、机电设计与制造、分析测试等众多学科，是一项综合性很强的技术工程。因此必须组织多部门多学科的专家联合攻关。

1960年8月的一天，中国科学院上海冶金研究所党委书记郑万钧、粉末冶金专家金大康、金属材料专家邹世昌，被邀请到原子能研究所，钱三强代表二机部和中国科学院向他们下达研制扩散分离膜的攻关任务。

钱三强说："你们是粉末冶金和物理冶金的专家，又都是党员，所以请你们来，这项任务一定要尽快完成，价格不要超过黄金，不能让我们的浓缩铀工厂因为没有扩散分离膜元件而变成废铜烂铁，也不能让我们的原子弹没有浓缩铀而造不出来。"

任务面前谁也不含糊，各方干得都很起劲。一段时间过后，钱三强发现几个单位的工作重复、力量分散且因保密而缺少交流，研究进展缓慢。于是1961年11月，钱三强和裴丽生在上海衡山宾馆召集会议，对情况和问题进行全面总结后，重新作出安排。经过及时调整，协作局面形成了、组织健全有力了、任务明确落实了，几支队伍集中在一起分工合作、联合攻关，起到了一加一大于二的作用，为及时圆满完成任务提供了有力保证。

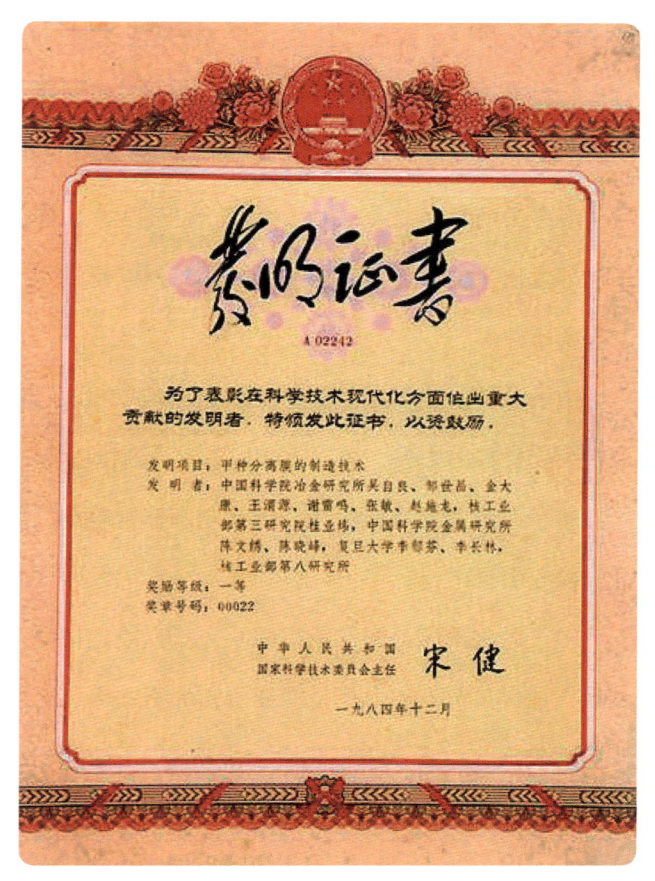

▲ 甲种分离膜获国家发明奖一等奖（1984年）

1963年秋，甲种扩散分离膜元件性能达到实际应用要求，实验室试制工作基本结束。同年底，工厂量产达几千支，运行试验证明其性能超过苏联的元件，而成本仅为黄金价格的百分之一。中国研制原子弹的又一路障被清除，我国成为继美、苏、法之后第四个能独立生产扩散分离膜的国家。

此时，王承书和理论组还在不分昼夜研究铀浓缩理论。他们每天十几个小时的高强度工作，终于得出一条丰度随时间条件变化的理论计算曲线图，并且可应用于实际。按照方案理论计算，产品浓度应达到 90% 以上，1964 年 1 月 14 日中午 11 时，随着阀门缓缓打开，高浓缩铀源源不断地流入容器里，经过检测，浓缩铀厂取得了一次性投产成功的佳绩。

消息传到北京，大家为之高兴，钱三强的喜悦心情更是难以形容。1 月 15 日，二机部发出贺电："这是我部事业发展的一个重要里程碑，为我部事业的成功创造了必要条件。"

中子源是引发核弹中超临界状态的铀或钚链式反应的装置，如同炸弹的引信，嵌在裂变材料的中央，在原子弹起爆时受到挤压，释放足够多的中子点燃核反应。虽然中子源只有乒乓球大小，但研制却非常复杂，要经过一百多道工序，是原子弹的核心装置之一。

中子源攻关应该由谁承担呢？钱三强决定在原子能研究所进行，他首先想到的担任项目负责人的人选是助理研究员王方定。王方定自 1953 年从四川化工学院毕业后到所，一直从事铀化学冶金研究。1958 年，王方定参与原子弹研制工作，钱三强给他的任务是铀 -235 的裂变产物分析测定。钱三强认为，王方定虽然年轻，才三十岁刚出头，而且还只是中级职称，但他是一个事业心和责任感很强的青年骨干，符合作为"带头人"的要求。由此可以看出，钱三强在举荐人才时不拘一格，完全以胜利完成任务为导向。

原子能研究所 1959 年开始研制中子源时，曾讨论过三条路线：一是采用化合物方案，该方案代号 9501，由王方定小组为主承担研究工作；二是中子管路线，代号 9502；三是采用美国的路线，研制钋 - 铍中子源，代号 9503，使用化学研究所提取的放射性钋 -210。

最初钱三强知道了王方定的困难，便带着他到自己的办公室，从柜子里拿出大约十个盛着黑色粉末的小瓶，放到王方定面前："这是我 1948 年回国时，约里奥 - 居

第十九章 级联理论分离膜 攻克点火中子源

里夫人送给我的一点放射源，放了这么多年一直没舍得用，现在交给你，可以用到最需要的地方。你们要好好干，快点搞出来！"

王方定从来没见过这么大量的钋-210原料，真是一个巨大的惊喜。王方定从钱三强所长信任和期望的目光中，深深感受到老一辈科学家对国家、对事业的赤诚之心。他像战士接过武器一般，郑重地接过钱三强递来的沉甸甸的容器。后来，王方定在工棚实验室对它进行处理，钋在黑暗中闪闪发光。

钱三强很关心中子源工作的进展，为了保密和安全的需要，做放射性物质实验的条件很艰苦。钱三强对王方定说，居里夫人发现镭的实验室也曾是工棚改建的，工棚有很多好处，搭建快、受外界干扰少、任务完成后便于处理。简陋的外表下，内部设施标准很高，油漆天花板和墙壁，地面铺橡皮，设有手套箱、通风机等设施。钱三强联系基建处，用一个月左右的时间就搭建起面积70平方米的工棚。

工棚的条件非常艰苦。夏天，工棚内温度高达三十六七度。做实验时，要身穿双层工作服，脚上套着高腰雨鞋，双手戴上厚橡胶手套，嘴上捂着大口罩，外加有机玻璃面罩……几个小时下来，汗水浸透了工作服，雨鞋里边积存的汗水哗

▼ 原子能研究所王方定小组搭建的工棚

哗作响。冬天，工棚里没有取暖设施，冻得一边做实验一边不停地跺脚。为了不让水管、蒸馏水瓶及各种液体试剂瓶被冻裂，每天做完实验，晚上要把水管里的水放空，瓶瓶罐罐都要搬到有暖气的房间去，第二天早晨再一件件搬出来。

为了加快研究速度，9502和9503两个项目分别由其他研究室承担，王方定小组只做9501项目，开展轻核素制备和化合物制备的研究。他花了很多时间查阅文献，希望从中找到某些对技术攻关有用的线索，结果一无所获，一切都只能靠自己。

钱三强自始至终都关心和鼓励攻关小组的工作。1962年11月，他要求攻关小组克服困难，协同作战，想方设法提取100居里的钋-210，并风趣许愿说，完成任务后请大家吃冰激凌。同时，何泽慧领导的中子物理室为中子源制备给予了有力支持和配合。

在大家的协同努力下，经过三个寒暑反复试验，经历过多次失败，终于合成了新的化合物。1963年下半年，使用单位最终选定了9501方案，11月王方定小组制成了两个小球样品。试验结果表明，他们研制的点火中子源，不仅合乎要求，还比原设计要求更高。1963年底，又制成四个合格的点火中子源，由王方定和核武器研究所的同事送到了西北基地。该中子源在核试验中获得成功，被多次用于核弹点火部件。

点火中子源研制工作是王方定科研生涯中最精彩的部分。王方定从一个年轻的研究实习员，几年里科学素养、组织能力不断得到升华，逐渐形成了雷厉风行的做事风格。王方定说，这就是"钱公"的作风。

第二十章 预谋氢弹创奇迹 枝繁叶茂立功勋

1967年6月17日，中国第一颗氢弹爆炸成功。从第一颗原子弹爆炸到第一颗氢弹爆炸，美国用了七年零三个月，苏联用了四年，英国用了五年零两个月，而中国仅用了两年零八个月。至于法国，他们的第一颗原子弹比中国早四年零八个月，中国第一颗氢弹爆炸了，法国的氢弹还不见动静。

中国氢弹之奇迹令世界震惊，这背后正是钱三强和刘杰等人高瞻远瞩、预为谋的战略眼光所发挥的作用。

20世纪50年代末60年代初，随着原子能事业进入自力更生、全面发展的关键时刻，在紧急攻关任务十分繁忙之际，钱三强仍然保持清醒认识：科学研究要注意"预"（理论储备），不能临渴掘井。他想到，从原子弹到氢弹是必然的发展过程，而氢弹研制，从原理到技术比原子弹更为复杂，这方面在中国完全是空白，如果有人先行作些前期理论探索，将来定会有所裨益的。

二机部部长刘杰也在想着同一个问题。1960年12月的一天，刘杰约钱三强谈氢弹话题，商量如何为氢弹研制先行一步。钱三强很高兴刘杰也有这样的想法，他介绍了一些关于氢弹的基本特点："氢弹是要以原子弹作引爆器，但它有与原子弹不同的原理和规律，与轻核聚变反应有关的理论问题，需要有人先作探索，宜早不宜迟。"刘杰准备把"先行一步"的任务放到原子能研究所，核武器研究所先集中精力抓原子弹研制。

经过两天的深思熟虑，钱三强开始在所内为氢弹的研制物色人选。他最先选定的"带头人"是黄祖洽。1948年在清华时，黄祖洽原本是钱三强带的研究生，由于钱三强社会活动多，委托彭桓武代为培养。黄祖洽1950年研究生毕业后，和彭桓武一起进行核物理和反应堆研究，当时他正带领一个组（代号47组）从理论方面研究各种类型的反应堆，工作做得比较深入，发表了不少文章。钱三强同时考虑到，黄祖洽在核武器研究所已参与原子弹的理论工作，让他负责氢弹"先行一步"的工作，可起到两边的沟通作用。

钱三强把决定告诉黄祖洽："为了早日掌握氢弹理论和技术，我们要组织一个研究组，先行一步，对氢弹的作用原理、可行的结构进行探索研究。你原来带的那个组叫47组，现在这个轻核理论组就叫470组吧。工作要特别注意保密。"晚些时候，原先作 β 衰变理论研究的何祚庥，正好从苏联杜布纳联合研究所回来了，钱三强不等他休息，便将他点将到轻核理论组，成为其中的骨干成员。

按照钱三强的设想，另一块"好钢"于敏也应该用在刀刃上，他和黄祖洽共同负责轻核理论组的工作。但当时于敏是所内一个有争议的人物，一方面，全所上下甚至接触过他的外国学者都公认他的能力，钱三强器重他，认为他"填补了我国原子核理论的空白"；另一方面，每次政治运动后期，于敏总会被树立成典型来批判。钱三强在这个时候重用于敏是要冒很大政治风险的，但是为了轻核理论组的需要，钱三强还是按照原先设想，于1961年1月12日顶着压力找来于敏布置"绝密"任务。

为研制氢弹快速发展起到作用的，还有一个不可忽视的集体——轻核反应实验组。钱三强当时的想法是，进行氢弹理论探索，无论是各种物理过程、作用原

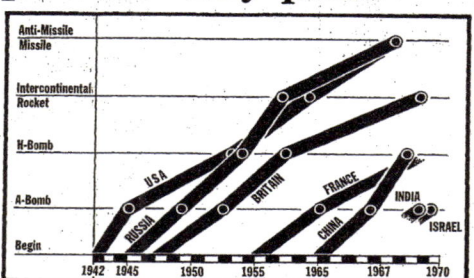

▲《星期日泰晤士报》(Sunday Times)登载文章"中国不惜代价掌握氢弹"（1967年6月18日）

▲ 钱三强被追授"两弹一星功勋奖章"
（1999年）

理、可能结构的研究，都离不开可靠的数据。当时一些关键性数据，或者搜集不到，或者文献记载有出入，这就要通过实验来精确测量。成立轻核反应实验组，目的是用轻核反应数据的精确测量，配合和支持氢弹理论预研工作。轻核理论组和轻核实验组"两手抓"，既是钱三强一贯理论联系实际思想的体现，也是他为氢弹"先行一步"作出的周密安排。

第一颗原子弹试验成功两个月后，即1965年1月，轻核理论组的精兵强将黄祖洽、于敏、何祚庥等31人，奉命合并到了核武器研究所。合并后，在原有对原子弹

135

研制和对氢弹预研认识的基础上，共同探索实现氢弹的具体途径。最终只经过一次含有热核材料的加强型原子弹核爆的试验，便在1967年成功地爆炸了我国第一颗氢弹。两年零八个月，创造了世界上从原子弹试验成功到氢弹试验成功的最快纪录。

钱三强敢担风险、不顾压力，又一次做了他应该做的事，做了他习惯做的事，也是他不得不做的事。这是他出自对国家事业的忠诚，是他知人善任所表现出的远见和胆识。

钱三强领导的原子能研究所，不仅承担了"两弹一艇"（原子弹、氢弹和核潜艇）研制的许多关键性科研任务，更为突出的贡献在于人才的培养和输出。《当代中国的核工业》一书中写道：这个基地在核工业建设和发展过程中，起到了"老母鸡"的作用，逐渐派生了一系列核科学研究机构，并培养出一大批日后成为核工业各单位科研生产骨干的科技人才。

1953年10月，近代物理研究所合并了电子学研究所筹备处、数学研究所的"电子计算机部分"，改名为中国科学院物理研究所，进一步从国内外充实了大量核物理人才。1955年国家决定发展原子能事业，物理研究所的研究方向转为以原子能应用为主，进入快速发展时期。1958年7月，随着"一堆一器"的建成，改名为原子能研究所，主要由二机部领导。1960年上半年规模增加到4345人（大专以上学历的科技人员1884人）。

到1959年，原子能研究所已经成为我国名副其实的核科学技术基地。下设研究技术单位包括低能核物理实验和理论、宇宙线、高能物理理论、加速器、探测器核电子学和谱仪、反应堆设计、堆物理等22个，研究水平大幅提高。

随着原子能研究所的发展和布局分工的需要，新的核科研单位也次第分立。根据周恩来总理1956年指示，次年杨澄中率领一支15人的队伍和必要的设备到兰

▲ 原子能研究所四任所长合影（1988年，左起戴传曾、王淦昌、钱三强、孙祖训）

州，成立了中国科学院兰州物理研究室，装备有从苏联引进的1.5米直径回旋加速器，即今天的兰州近代物理研究所。

在"大家办原子能"的号召下，许多省市成立了相关机构，卢鹤绂在上海筹建了一个以核技术应用研究为主的机构，配有国产1.2米直径回旋加速器。1962年，原子能研究所同位素应用研究室以及部分放射化学研究室在张家骅的带领下迁至上海，合并组成了上海原子核研究所。

研究机构扩张的同时，科学教育方面也有长足的发展。1958年成立中国科学技术大学，原子能研究所承办了近代物理系和放射化学系，分别由赵忠尧、杨承宗兼任系主任，教师均为原子能研究所的科研人员。兰州近代物理研究所也和兰州大学合作，开办培养原子核科学专业人才的系。

1960年，原子能研究所进入全面支持原子能工业阶段。由于原子能研究所的发展，加上王淦昌、彭桓武等骨干调入核武器研究所，1963年汪德熙、张文裕、何泽慧、马俊、刘书林、苏振芳被任命为原子能研究所副所长。原子能研究所选派了大批优秀干部到核工业的研究和生产部门担任科技领导，据不完全统计，截至1965年7月，共输送科技人员914人，其中正副研究员、正副总工程师28人，助理研究员和工程师147人。原子能研究所发挥多学科综合性优势，承担了繁重的科技攻关任务，并为二机部培训了1700余名科技人员。

反应堆研究方面，为了独立研究设计核潜艇动力堆及建造核燃料生产堆的需要，建立了一系列实验室和游泳池式研究试验堆。1964年成立反应堆研究设计所，该所设计建成核潜艇陆上模式堆，1970年核潜艇安全下水，标志着我国掌握了核动力技术，这是核科学发展的又一重大成就。

核燃料方面，1961年原子能研究所附设615所，简法生产六氟化铀，为兰州浓缩铀厂提供急需的六氟化铀原料。同时开展铀同位素分离的理论和试制研究，为气体扩散工厂的顺利运行创造了条件。

基础研究方面，为开展宇宙线的强度和成分研究，1954年原子能研究所在云南东川落雪山建成了我国第一个高山宇宙线实验室，肖健、张文裕等先后安装了多个云室。钱三强对宇宙线研究很重视，在困难时期支持了大云室组的建造，1964年大云室组建成时亲自到云南高山站验收。"文化大革命"后期，为加强高能物理和加速器预研等基础研究，1973年2月，原子能研究所的中关村部分（一部）和云南站重新划归中国科学院，成立高能物理研究所。

钱三强身为原子能所所长，积极大度地向外举荐人才，这也是他一贯的主张。他从1948年回国时在上海、在清华大学，以及后来在许多场合讲过他的主张。一次在中国科学院科技干部职称工作会议上，他说："首先，我们要顾全大局，打破本位主义思想，不管作为哪级机构，特别是领导干部，脑子里应该装一本全国的账。不要觉得凡是我所管辖范围的人，最好一个也不要离开我。要是这样的话，

第二十章 预谋氢弹创奇迹 枝繁叶茂立功勋

我们的科学技术发展就没什么希望。尤其管理干部的人要有高的姿态和气魄，舍得把最好、最顶用的人用到最需要、最关键的地方去，不分你的还是我的。这样既解决了急需，为国家作出贡献，又能促进人员交流、人才成长。好的人才输送出去了，年轻的人才自然就很快地成长起来了。"

钱三强心里始终装着一本全国的账，从全国的大格局来谋篇布局，进行有效的科研管理。在最初阶段，他根据中央和部委领导意图，同苏联有关方面接洽中国科

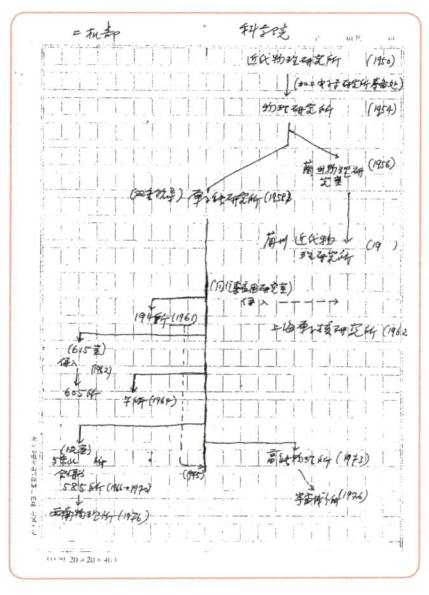

▲ 钱三强勾画的核科学技术机构沿革图

研、设计与生产实习人员的专业安排问题，并主持提名挑选赴苏学习和已在苏的留学生转学安排等问题。在组织核武器研制阶段，他点名提出请调哪些专家来参加核武器哪个方面的研制较为合适；在核燃料生产、研究和实验过程中，急需化学分析专家和化工专家，又是他提出请调吴征铠和汪德熙。全国各大学设置原子能专业，也是钱三强积极倡议、部领导大力支持而办起来的。由此可见，钱三强在发掘人才、聚集人才和培养人才方面，起到了积极重要的作用，为培养我国原子能科技队伍立下了不朽的功勋。

"两弹一艇"的研制成功，是中国核科学史上最伟大辉煌的科学成就。原子能研究所作为中国原子能事业的"老母鸡"和"原子能科学研究的摇篮"，不仅培养输送了大批优秀的科技人才，而且直接承担并出色完成了许多关键性重大科研项目，功不可没。

第二十一章 坎坷遭遇志不改 百家争鸣座谈会

钱三强因其"书生气"受到赞赏,也因"书生气"遭遇挫折。1958年的政治运动期间,钱三强因有过一些"不合时宜"的言论,而在二机部党组会议上受到多次批判。这些"上纲上线"的批判,让钱三强心里想不通,精神上承受很大压力,好在他仍然坚守岗位,为自己热爱的原子能事业贡献力量,没有因个人所受的不公而懈怠。

1964年我国第一颗原子弹爆炸成功,三天后,立下汗马功劳的钱三强就被下放到河南信阳农村搞"四清"。钱三强保持乐观积极的态度,既来之,则安之。在农村,他化名为"徐进",做了一名普通的工作队员,与农民同吃、同住、同劳动。钱三强由起初连挑水的扁担都不会扛的人,渐渐地,学会了用合着节拍走步来挑水,并结交了许多农民朋友。这些农民朋友亲昵地叫他"老徐头儿"。1965年6月"四清"结束后,钱三强回到北京,但"两弹"的研制已经没有他的任务了,他提出回中国科学院做科研工作,但未获得上级批准,只能用一部分时间参加中国科学院党组。1965年7月,中国科学院党组改党委,钱三强被任命为中国科学院党委委员。

随后"文化大革命"席卷而来,大字报贴出,批评钱三强是资产阶级知识分子,宣扬"个人奋斗""十年成名""只专不红"

等资产阶级思想。更令人寒心的是，钱三强组织黄祖洽、于敏、何祚庥、丁大钊等对氢弹进行的预研究，被大字报批为"由钱三强个人主管、独断独行的反党阴谋"。在被"抄家"的时候，钱三强不仅丢失了自己宝贵的积累几十年的日记本和笔记本，而且日记本的记录被歪曲摘录出来，成为他的"罪证"。

▲ 钱三强在河南信阳（1964年）

经过两年的隔离审查，1969年10月钱三强接到命令，去陕西合阳"五七干校"，一边参加劳动锻炼，一边继续接受审查。在走之前，他壮着胆子提出一个小

▲ 全家在陕西合阳干校共度春节（1971年）

小要求，希望能和何泽慧一同到干校劳动，以便互相有个照应。这一要求当时没有获得批准，直到12月1日，何泽慧才被批准到合阳。

钱三强年轻时爱运动，身体比较壮实，干校逢年过节要开联欢会，他和班组里的年轻人一起排练唱歌和跳舞，还学会了打快板。年近花甲的钱三强好像还有使不完的劲儿，但是远离研究工作让他常常感到愤懑。

▲ 钱三强与何泽慧在颐和园（1972年）

▲ 一家人重新团聚北京，艰难岁月最开心的一张照片（1974年12月）

他们的三个孩子先于他们下乡：钱思进早在1968年12月去了山西绛县，钱祖玄和钱民协也于1969年初先后到了陕西宜川。在一封封写给子女的家书里面，充满了父母对子女的挂念。

1972年夏，在周恩来的过问下，钱三强被批准回京治病，与何泽慧回到家中。

1973年5月27日，钱三强被批准陪同周恩来、郭沫若会见美国科学家代表团。这是时隔六年半之后，钱三强第一次见到饱经风霜的周恩来，周恩来亲切地对他说："三强，听说你生病了。瘦了一些，要注意身体呀！"看到强撑病体的周恩来仍关怀他人，钱三强"心里阵阵难受"，铭记不忘。

▲ 八十年代的钱三强（1980年）

▲ 钱三强（前右五）等接待奥格·玻尔访华代表团（1973年，前左六为吴有训、中左三为赵忠尧、前右一为何泽慧）

1975年8月，钱三强正式由二机部回到中国科学院工作。虽然二机部尚未对他作出审查结论，但他在中国科学院渐渐已成了忙人。这一年，"文化大革命"还没有结束，邓小平复出主持国务院工作和党中央日常工作，开始对各条战线进行全面整顿。胡耀邦受命整顿中国科学院，为中国科学院甚至是整个科学界带来了久违的新鲜空气。胡耀邦委托钱三强召开了一系列科学家座谈会，也即"'百家争鸣'座谈会"，倾听科学界的声音，在当时的政治氛围下具有特别的意义。

1975年8月25日，分管科技工作的副总理华国锋约请一些科学家开座谈会，目的是贯彻毛主席"百家争鸣，百花齐放"的方针，了解科研工作的现状，搞好科研工作。因工作安排，他委托中国科学院另找时间开会。8月27日，胡耀邦在中国科学院三里河办公室约见钱三强，郑重委托他组织并主持科学家座谈会。钱三强听后百感交集，哽咽着说不出话——对于经历近十年磨难的钱三强来说，这项任务意味着党组织对他的信任和肯定。

对于座谈会的名称，钱三强拿不定主意。胡耀邦想了一下，对钱三强说："不如就叫'百家争鸣'座谈会"。'百家争鸣'是毛主席曾经提出来的，用这个名称可以减少政治风险。胡耀邦交代，座谈会主要邀请在科研一线工作的同志参加，每次邀请的人数不要多，人人都有说话的机会，放开了讲。

钱三强接受任务三天后，首次"百家争鸣"座谈会就开场了。到会科学家都蛰伏了很长时间，对会议名称以及由钱三强主持座谈感觉既熟悉又新鲜。钱三强先传达华国锋和胡耀邦的讲话精神，然后说："实现四个现代化，科学技术必须先行一步。领导的原则已定，还要靠大家提出意见和建议，具体应该怎么搞好还得靠从事科学工作的人提。有人说，过去提了没有用处。那是因为过去时机没有到，不过还是有一些用处，现在时机到了，更应该积极提供意见，供领导参考。胡耀邦同志决定召开这样的座谈会，就是为了听取大家的意见，把科研工作搞好。"

这番话由复出的物理学家钱三强说出来，无形中起到了打消顾虑的作用，每次座谈会与会人员都积极发言，气氛少有的热烈活跃。很多科学家都敞开心扉讲了自己的认识、体会、希望和担忧，其中有不少是对搞好科研和时事时政的诤谏之言。

钱三强主持的"百家争鸣"座谈会进行到11月22日，历时两个多月召开了9次，累计50余名在一线工作的老中青科学技术专家作了系统发言。这些发言除了及时出简报，钱三强还根据胡耀邦"实事求是整出一个东西"的要求，主持起草了"关于'百家争鸣'问题"的综合报告。报告写了几千字，以座谈会的发言和调查得来的一手情况据实写来，事实充分，观点鲜明。

报告的开头是这样的：一个时期以来，在自然科学领域里，毛主席倡导的"百家争鸣"方针，没有得到很好贯彻，学术气氛相当淡薄。从哲学方面批判外国科学家唯心主义和反动学术观点有一些，不同学术观点的争论则很少。这种状况对我国科学事业的发展很不利。学术争鸣没有很好开展，不少科学工作者"不敢鸣""不愿鸣"，其原因是多方面的，而关键在于领导。

接着，报告逐一列举原因。如"不敢鸣"：一是"近些年很少提倡和鼓励百家争鸣，还用简单的行政方法处理科技问题，压制不同意见，甚至对正确的意见乱加批评"；二是"政策界限不清，科学工作者有很大顾虑，怕说了不同见解被认为是政治问题"。又如说"不能鸣"："'百家争鸣'要以研究工作为基础，许多学术问题的讨论，往往在理论研究领域展开，而我国理论工作还相当薄弱，有人想'鸣'也一时'鸣'不起来。此外，学术讨论会很少举行，学术刊物不足，对开展'百家争鸣'也有一定影响"，等等。

那时候，写这样的报告，不单需要热情，更需要勇气。钱三强的热情和勇气来自他所感受到的新希望，他看到邓小平复出主持工作后，报纸上的许多提法不同了，看到中国科学院在胡耀邦的整顿下短短几个月发生了可喜的变化。

虽然此后政治风云突变，中国科学院的整顿被迫叫停，钱三强主持起草的"关于'百家争鸣'问题"的综合报告未能发挥应有的影响力，但一线科研人员发出难能可贵的声音，如实反映了科研现状和问题，为不久之后全面的拨乱反正奠定了社会基础。

1978年3月18日，中国科技界有史以来空前的盛会——全国科学大会在人民大会堂举行，邓小平面对来自全国的六千多名科技工作者发表讲话，重申"科学技术是生产力"。钱三强1977年正式恢复中国科学院副秘书长职务，1978年3月担任中国科学院副院长。时值全国科学大会召开，钱三强作为全国科学大会主席团成员坐在主席台上。钱三强在主席台上发表演说："全国科学大会的胜利召开，标志着我国科学技术的发展进入了一个新的历史时期，迎接又一个科学的春天。科学技术和科学技术工作者在国家建设中的地位和作用，重新得到肯定。特别是邓小平同志阐明的科学技术是生产力，科学技术是四个现代化建设的关键和科技人员是工人阶级的一部分，以及科研工作必须走在生产建设前面的思想，为我国科学技术的繁荣和发展重新奠定了可靠的基础。"会后，钱三强接受《自然》杂志记者的采访，以"迎接科学的春天"为题，就加强基础科学研究、普及现代科学知识、广泛进行科学交流等方面展开谈话。他认为，全国科学大会的胜利召开，标志着我国科学技术的发展进入了一个新的历史时期。

▲ 钱三强接受《自然杂志》记者采访（1978年）

第二十二章 推动高能加速器 理论物理再先行

在新的科学春天里，钱三强在沉寂了漫长时日后又开始活跃起来。已是年逾花甲的他和当年不惑之年的他，干事情的劲头几乎没有差别，唯一不同的是他活动的舞台更大了，大大超出了原子能科学技术领域。他分工负责中国科学院科研业务和国际学术交流工作，一段时间里，数、理、化、天、地、生、工都涉及。中国科学院准备启动的几大科学工程，如合肥的托卡马克-8号装置、同步辐射加速器，兰州重离子加速器，北京高能粒子加速器等，这些工程的前期组织和策划是他复出后最早参与的重要工作。

建造高能粒子加速器一直是我国核科学工作者的梦想。早在1956年制定的"1956—1967年十二年科学技术发展远景规划"中，就有建造电子同步加速器的计划，并且设计出了方案，然而多次遭遇曲折。1972年，张文裕、朱洪元、谢家麟等18位物理学家联名致信周恩来，提出发展我国高能物理的意见和希望，周恩来亲笔回信予以支持。回信中说："这件事不能再延迟了。中国科学院必须把基础科学和理论研究抓起来，同时要把理论研究与科学实验结合起来。高能物理及高能加速器预制研究应该成为中国科学院要抓的主要项目之一。"一年后，高能物理研究所在中国科学院成立，人员和设备以原子能研究所中关村一部为基础，张文裕任所长。

根据周恩来指示计划建造的高能加速器，物理学家在选型问题上存在意见分歧。一种意见认为应该首先建造一台电子加速器，另一种意见则主张首先建造一台质子加速器。到了1977年，国家批准建造一台50亿电子伏的质子同步加速器，并开始做调查研究及有关的筹备工作。

1977年3月15—28日，钱三强作为中国科学院的业务主管出席高能加速器方案论证会，讨论和审查工程总体方案和预制模型加速器初步设计方案。鉴于工程重大，又缺乏建造经验，加之科学界仍有不同意见，钱三强意识到建造高能加速器问题需要再广泛听取意见，特别是要开展国际交流，听取有实际经验专家的意见。于是在中国科学院主要领导的支持下，他先后邀请了丁肇中、邓昌黎、杨振宁、李政道和联邦德国电子同步加速器研究中心（DESY）主任朔佩尔、欧洲核子中心（CERN）总主任阿达姆斯等。钱三强和他们进行了多次专门会谈，所讨论的问题广泛、深入而且具体。

钱三强与朔佩尔、阿达姆斯的多次座谈，对我国建造高能加速器的前期准备

▲ 钱三强访问瑞士日内瓦的欧洲核子中心（CERN）（1978年该中心总主任阿达姆斯和丁肇中陪同参观）

▲ 钱三强与美国斯坦福直线加速器中心（SLAC）主任潘诺夫斯基交谈（1982年）

很有帮助。朔佩尔和阿达姆斯二人是根据丁肇中提供的建议邀请来访的，他们具有卓越的能力和丰富的经验，并且分别领导的两个加速器研究中心是不亚于美国水平的一流研究机构，并且他们对中国友好。

9月19日，钱三强和阿达姆斯会谈时，就中国建造高能加速器的有关问题广泛听取意见，并且商定了与CERN的合作意向。

11月4日和6日，钱三强带领高能物理研究所相关人员，利用两个晚上的时间（共5个小时），同朔佩尔进行了深入的工作讨论，内容包括：高能加速器的选址问题、组织工作和费用预估，对中国建造高能加速器的看法，建成后的研究工作等。

半年后，钱三强率领代表团访问阿达姆斯领导的CERN，双方经过讨论达成多项合作计划，包括：高能物理研究所派出3位理论物理学家作为一个小组到CERN工作几个月；中国派一个小组到CERN学习建造大型加速器装置及相关工作，包括土木工程、地下隧道和安全等；中国科学院派出一个由一流管理者组成的小组，着重考察国际上的加速器装置的运行与管理等。双方的合作取得了良好成效。

20世纪80年代初，中国发展高能物理计划作出调整，改在北京建造正负电子对撞机，并主要与美国有关机构开展合作。起初，钱三强在调整后的计划中仍肩负重要责任，担任中美高能物理联合委员会中方主席。后来，钱三强因为健康和职务变动原因，中美高能物理合作改由周光召负责。

1977年6月，钱三强率领中国科学院代表团出访澳大利亚，与外界隔绝多年后看到世界科技的发展现状，他被震惊了。在回国的飞机上他就开始整理思路，总结认识，认为现代科学面临三个发展"前哨阵地"：一是物质结构里的粒子物理，也叫高能物理；二是与宇宙演化有关的天体物理；三是包括生命起源在内的生物科学。这几个关口一旦有突破，将会对工业技术、经济发展和社会进步起重大作用。在当时的条件下，理论物理的研究基础好，投入少，钱三强认为最具有希望。

钱三强当时为物理学会副理事长，他找到物理学会理事长周培源，想把粒子物理研究再推动一下。两人一拍即合，认为这方面工作不需要花很多钱，只花点差旅费集中到一起开会讨论和交流，就可以先动起来。他们都认为，"文化大革命"前我国理论物理已经作出过两大贡献，一是完全独立自主地掌握了原子弹和氢弹理论；二是提出了强子结构的层子模型。虽然目前还不具有大型实验设备，但在基本粒子理论方面取得较好成绩是有可能的，那将会起到带动作用。

1977年8月，周培源和钱三强就以物理学会和中国科学院的名义，在黄山召开了全国基本粒子物理会。此次会议邀请到了杨振宁，他在黄山细致地作了三个报告，尤其是规范场理论的报告，让国内从事粒子物理理论的研究人员大开眼界，对国际前沿有了认识。1978年，钱三强又在庐山和桂林主持召开基本粒子会议，推进研究工作。钱三强心里有了底，便开始筹划召开国际性的粒子会议。

▲ 钱三强访问澳大利亚（1977年）

▲ 庐山会议上钱三强、何泽慧夫妇与葛庭燧、何怡贞夫妇合影（1978年）

▲ 钱三强在桂林会议期间游览漓江（1978年）

1979年，李政道来华访问期间，钱三强跟他有过几次讨论。李政道支持钱三强召开国际粒子会议的设想，他不但答应出席，而且还准备邀请一些国外的科学家来参加。钱三强马上给杨振宁写信，杨振宁同样答应了，并且也计划邀请一部分华裔科学家来。随即，钱三强分别与杨振宁、李政道商讨海外华裔学者邀请名单，并以组委会名义发出邀请信。截至1979年12月24日，共收到53位海外学者回信表示将出席会议（实际到会49人），包括来自美国、英国、联邦德国、瑞士、澳大利亚、新加坡以及中国香港和台湾地区的学者。

经过一年多的筹备，1980年1月5日，粒子物理理论讨论会议在广州从化温泉宾馆召开，钱三强主持了开幕式。到会的国内外代表共163人，提交报告和论文122篇（其中国内学者84篇），国内学者最年长的是78岁的周培源，最年轻的是28岁的研究生钱思进。5天会议共宣读论文78篇，李政道、杨振宁一致表示，通过此次会议，发现国内粒子物理理论方面有工作能力的人比原来想象的要多，其中有些人能力很强。1月10日会议闭幕，钱三强在讲话中表示，此次会议不仅在粒子物理比较广泛的领域里进行了学术交流，开展了有益的讨论，互相得到启发，同时也增进了海内外学者的彼此了解，加深了友谊、加强了团结。这次会议称得上是中国理论物理界的一次空前盛会，也是中国科技界打开对外交流大门的一次

第二十二章 推动高能加速器 理论物理再先行

▲ 粒子物理理论讨论会的预备会（1980年，左起杨振宁、李政道、周培源、钱三强）

▲ 钱三强主持粒子物理理论讨论会开幕式（1980年）

重要的破冰之举。

"文化大革命"后第一次举行大型国际性学术会议，并获得巨大成功。归纳各方反应，会议成功的原因主要在于：一是论文成果体现了研究工作的前沿性和学术的高水准，杨振宁说："有些报告很有独到见解，其水平可以与1974年和1977

▲ 粒子物理理论讨论会合影（1980年，右起胡宁、彭桓武、李政道、钱三强、周培源、杨振宁、张文裕、朱洪元）

153

▲ 钱三强与何泽慧、钱思进在广州会议期间合影（1980年）

年在日本召开的同类型的学术会议相比"；二是会议的策划及组织工作相当完善。比如有人向钱三强建议，能否让杨振宁、李政道坐同一辆车从广州到从化，对于这个热心但有些冒失的提议，钱三强准备了两个方案以确保万无一失，结果杨振宁和李政道两对夫妇同乘一辆车抵达会场，并在会议期间多次坐在一起，令与会人员欢欣鼓舞。

会后，邓小平与这些科学界学者们在北京人民大会堂相聚，李政道和杨振宁对邓小平说："中国粒子物理理论方面，有几位科学家相当优秀，他们的研究水平是一流的。"钱三强还特地向邓小平介绍了周光召等几位青年科学家，让邓小平十分高兴。在第二天的高层会议上，邓小平在讲培养专门人才时这样说道："前几天，在广州开了个粒子物理理论讨论会，有个消息很值得高兴，我们的粒子物理理论水平大体上接近国际先进水平。就是说，我们已经有相当先进的水平，而且有一批由我国自己培养出来的取得了成就的年轻人，只是人数比一些先进国家少得多。这就说明，我们并不是没有人。好多人才没有被发现。"

第二十三章 走进殿堂谈古今 桑榆非晚霞满天

在科学的春天里，中央号召全党认真学习现代科学技术知识，推进四个现代化建设，中央书记处也拟定了请科学家讲课的计划。1980年7月24日，钱三强又一次走进中南海，作为首场科学家讲座，钱三强的主题是系统讲解古今中外科学技术发展的脉络和全貌。

起初，钱三强心里有些打退堂鼓，因为一堂课要讲清楚几千年的人类科学文明，实在太难了。单就内容取舍以及精练的语言把科学史说明白就很不容易，何况自己除了原子核科学这一小支，其他领域的发展历史基本上没有发言权。他心里想，既然是向中央领导人讲课，就不能只把它当成一项任务来看待，而要通过讲古今中外的情况，从中总结出一些有规律性、可供借鉴的东西。

钱三强的那股牛劲，让他凡想做的事和要做的事，一定设法把它做好。他请来中国科学院自然科学史研究所的仓孝和、许良英、李佩珊、杜石然等几位科学史专家，共同完成讲稿的起草。他先主持讨论出基本思路和框架：第一部分讲16世纪以前的古代科学技术；第二部分讲16—19世纪近代科学技术；第三部分讲20世纪现代科学技术；第四部分讲科学技术发展的几个特点；最后一部分，初步设想探讨几个问题，如科学技术是怎样发展起来的、科学技术对人类社会进步起过怎样的作用、在科学技术发展历史中有哪些规律性的东西应该汲取等。

7月24日这天，钱三强早早来到了中央书记处的课堂——中南海勤政殿。二十多年前，钱三强曾在这里为毛泽东、周恩来等中央领导人讲解原子能科学。新一代中央领导继承和发扬了我们党重视科学、学习科学的好传统，让钱三强感慨万千。

▲ 钱三强在中南海给中央领导讲述科技发展史（1980年）

胡耀邦准时走进课堂，他和钱三强握手后讲了开场白："党中央号召向科学进军。要把这个号召变为亿万人民扎扎实实的自觉行动，要动员我国人民大踏步地向科学进军，发展科学事业，首先我们书记处带个头，老老实实学习科学技术。我们都感到自己的科学知识太少，很需要向专家们学习。今天是个开始，以后要不断拜专家为师。"

为了使枯燥的科学发展历史能够引起听者兴趣，钱三强在讲述中有意引出问题供思考和讨论。如他在讲了中国古代四大发明及数学、天文学、医药学、水利工程等一系列成就后，提出这样的问题：既然中国古代科学技术在长达一千多年间处于世界领先地位，为什么近代科学技术没有在中国产生？

话音一落，课堂气氛一下子活跃起来。万里对讲稿中关于中国科学技术落后原因的解释提出不同看法，如"文字狱"发生在文史方面，对科学技术关系不那么直接。

钱三强乐意听到不同意见，特别是这样的平等讨论。他也直接讲了自己的看法："万里同志说到文字狱发生在文史方面，历史上是这样的。但文字狱的恶劣影响不限于文史，而是遍及整个知识界，它使人们思想禁锢，不敢大胆地想问题，自然也就会阻碍自然科学的创新和发展……"

课堂上，听课的领导人自始至终听得很有兴趣。他们除了偶尔提问题或议论几句，都聚精会神地听讲，和学校学生听课的情形没有多少差别。他们一面细心听讲，一面翻看讲稿，还不时用红笔圈圈点点，标明重点，加深记忆。当展示配合教学的幻灯图片时，他们又把视线转移到图片上，力求掌握和消化所讲解的全部内容。

两天后，钱三强的讲稿"科学技术发展的简况"首先在《红旗》杂志全文刊登，《光明日报》等转载。知识出版社出版单行本，首印10万册，畅销全国。

钱三强对科学发展特别是中国古代科技的历史思考，除了他在科研之余注重从历史中总结经验教训，发挥科学史的教育功能外，还与一位老朋友的交往关系密切，他就是献身中国科技史的李约瑟。

两人的交往始于朝鲜战争期间，1952年，美军向朝鲜和中国东北悍然使用了细菌武器。郭沫若紧急致电世界和平理事会，呼吁制止美国发动细菌战，要求组织国际科学调查团进行实地调查。郭沫若和钱三强率团赶赴奥斯陆参加世界和平理事会执行局特别会议。在约里奥-居里坚持下大会通过决议：组织"调查在朝鲜和中国东北的细菌战事实国际科学委员会"。会后，钱三强留在巴黎，邀请各国科学家参与细菌武器调查团。面对美国的压力，剑桥大学教授李约瑟等七位独立科学家毅然接受邀请，前往朝鲜。钱三强担任调查委员会的唯一联络员，一个多月的时间全程陪同调查。1952年8月，钱三强陪同国际科学委员会的科学家们从朝鲜前线回到北京。撰写调查报告的任务，主要由英国科学家李约瑟承担，钱三强则成了李约瑟的"参谋"。国际科学委员会最终基于事实形成结论，谴责了美军的暴行。

难忘的经历结下深厚友谊。1962年李约瑟的《中国科学技术史》物理学卷第一分册出版，他分别题献给叶企孙和钱三强，代表着他两次来华的经历。在后来的几十年中，李约瑟每

▲ 钱三强在平壤担任反细菌战国际科学调查委员会联络员（1952年）

▲ 反细菌战国际科学调查委员会在朝鲜（1952年，左三为钱三强，左七为李约瑟）

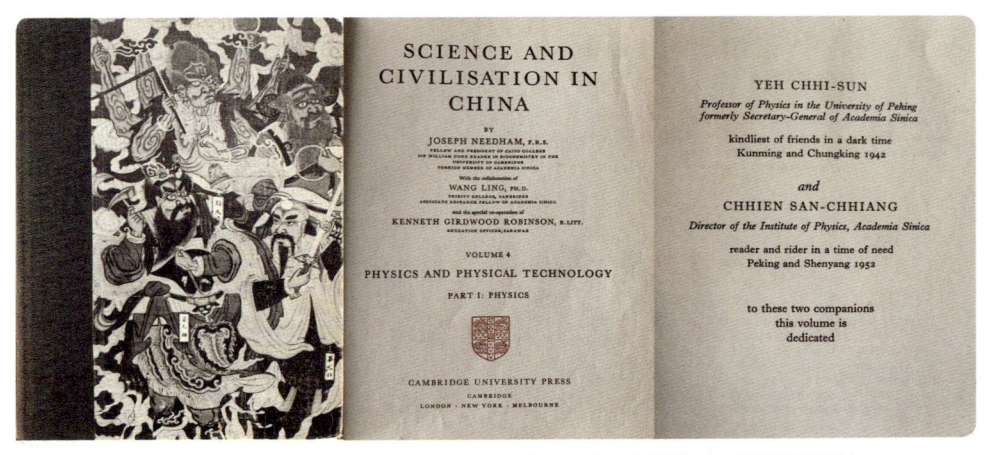

▲ 李约瑟《中国科学技术史》物理学卷第一分册的扉页（1962年，题献给叶企孙和钱三强）

到中国访问，钱三强和他都要相约举行一次朋友式的聚会，或选在北海仿膳，或邀到颐和园听鹂馆，他们沿着湖边小径，一边漫步一边闲谈。

1982年10月23日，全国科学奖励大会召开，兼任国家自然科学奖励委员会副主任的钱三强力荐李约瑟的《中国科学技术史》，该书最终被评为自然科学一等奖，这是中国人民给予这一巨著的应有荣誉。

进入20世纪80年代，钱三强开始了又一个繁忙的阶段。年近古稀的他，依然热情洋溢，孜孜不倦地对待赋予他的每一项任务，并从中体会工作的意义和晚年人生的欢愉——"这是最愉快的繁忙，最轻松的紧张"，他常常这样感言。

没有认真统计过那段时间钱三强兼有多少职务，但可以肯定是个不小的数字。许多慕名找来又实在难以辞却的头衔，他只当是尽一份"名人效应"的义务；对于有些虽然是本职以外的兼职，他却很看重，因为其中有他应该而且能够做的工作，做了很有意义，大凡这一类的头衔，他往往当成正业去履职。

1979年起他兼任国家自然科学奖励委员会副主任（武衡为主任），到1982年

▲ 钱三强在中科院办公室（1982年）

首次颁奖的三年中，他用了许多心力于其中。晚上加班审阅申报材料，利用星期日主持小范围听证会，随时接待反映意见的来访者，亲自登门做一些科学家的协调和解释工作。对几个影响大的拟评一等奖的项目，钱三强为了做到尽可能公正、公平，有的亲自组织专人花了一两个月时间作调研，征询各方面意见，查看原始材料，最后达到几方满意而又符合历史事实的结果。

经过三年努力，从跨越二十几年数以千计的研究成果中，评选出全国自然科学奖125项，其中一等奖9项、二等奖40项、三等奖49项、四等奖27项。通过这次评奖及其成功实践，中断了26年之久的国家自然科学奖评审工作，从此得以恢复并成为制度实行至今。

1981年起，钱三强兼任国务院学位委员会副主任，这也是他自觉颇具心得的一项工作。早在20世纪50年代他率代表团访苏回来就积极主张实行学位制度,一晃快三十年了,终于得以实现,这不仅是他个人的夙愿得偿,他甚至认为"实质上应该看作是在人才培养上消除半封建半殖民地痕迹的一个内容"。1982年2月6日,他在一次学位工作座谈会上说:"自主培养研究生授予学位这个问题,实质上应该看作在人才培养上消除半封建半殖民地痕迹的一个内容。我们做学生的时候,当时在大学教学的老师,差不多都是在国外获得过博士学位的。凡是在国外获得了博士学位的,回来一般都是教授,起码是副教授。但是很多在国内勤勤恳恳建立了实验室,教了不少学生,做了不少工作,对我们的科学教育事业作出了贡献的,却因为没有到过外国,多数只能做到讲师,做到副教授的很少。这种现象说明什么?说明我们的国家自己没有能力发展科学事业,要取得教授资格非出国不行。这就形成了教育与科学方面的崇洋思想,没有机会出国就'望洋兴叹'。"

关于学位制实行初始应掌握的标准,钱三强的意见同样具有启发性。他提出:

▲ 钱三强在家中(1989年)

▲ 钱三强（前排右五）参加的胰岛素全合成总评会议在友谊宾馆集体合影（1978年）

"我们授予博士学位的学术水平，应大体上以美、英、法、德、苏、日等几个科学比较发达的国家的水平为标准。在这件事上不能看不起自己，也不能幻想一鸣惊人。因为我们刚开始建立学位制，还是要严格一些好，低了会受到人家的轻视。要完全消除外国人对我们的歧视，要使他们真正承认我们的水平，不是靠三五年的努力，而是需要长期的实践，包括建设、教育、科学文化多方面的实践，通过事实使他们认可。"

1985年，国家成立全国自然科学名词审定委员会，钱三强兼任这个委员会的主任委员（副主委有叶笃正等）。他称这项工作是继承以往、适应现代、着眼未来的发展科学技术的基础性工作。时任国务委员宋健，在出席1987年名词审定委员会工作会议讲到这项工作的艰巨性时曾说："自然科学名词术语的审定与统一和规范化，是一项学术性很强，而又争议较多的工作。"对于这样一项任务艰巨的兼职，钱三强付出了巨大的努力，为我国自然科学名词术语的统一与规范化奠定了基础。

除了种种兼职，钱三强还有许多没有"名分"的使命。这些使命多半是关于一些重大或战略性问题的建言。他曾经就人才断层问题、知识分子合理待遇问题、科学化民主化决策问题、发展核电的整体规划问题、重视工程技术和应用科学发展问题等，向党中央和国务院上书，受到重视并产生了良好效果。

1978年，钱三强力促"人工合成胰岛素"申报诺贝尔奖。中国于1965年首次获得人工全合成胰岛素结晶，是一项真正具有世界先进水平的科学成果。由于当时的大环境，很少有人知道人工合成胰岛素及其国际影响。钱三强了解到国外科学家对这项成果的赞誉，认为这项工作不管最后能否获得诺贝尔奖，借此扩大影响、放开思路，对中国科技界总是有益的。获得中国科学院和国家科委的同意后，钱三强立即启动内部协调工作。1978年12月，他主持召开上海生物化学研究所、北京大学和上海有机化学研究所三个单位的有关人员参加的总结分析会，起草报告提出"以钮经义一人名义，代表我国参加人工合成胰岛素研究工作的全体人员申请诺贝尔奖奖金"。

虽然此次申报没有成功，但钱三强对中国人的科研能力充满信心。1982年，人工全合成胰岛素研究成果获得国家自然科学奖一等奖。钱三强说："中国能把不同单

▲ 钱三强、何泽慧共同纪念铀核三分裂四分裂的铜章，正面浮雕为居里夫妇（1946年）

位的几十个科学家组织在一起干,在其他国家不容易做到。这就是中国的优势,是我们优越的社会主义制度决定的,走的是我们自己的道路。"

在报纸和网络上,钱三强的名字往往会与何泽慧联系在一起。这应归因于他们作为一对令人羡慕的科学伴侣,研究工作密切结合,科学事业相互辉映,人生命运沉浮与共。

钱三强曾讲过,他们的结合是科学的结合。他们在法国居里实验室相结合,又在那里共同发现了重原子核"三分裂"和"四分裂"现象,受到世界瞩目。那时候,他们就被称为"中国居里夫妇"。

1984年,钱三强因长期操劳,心脏病复发住院,卸去了中国科学院副院长的职务,何泽慧也卸去了高能物理研究所副所长的职务。从此两人有更多的时间,经常一起参加各类活动。为了保证钱三强在家的工作和休息不被打扰,何泽慧出

▲ 钱三强和何泽慧共同讨论和撰写《原子能发现史话》(1973年)

▲ 钱三强与何泽慧在中关村（1977年）　　▲ 钱三强和何泽慧的晚年照片（1992年）

面挡驾，包括一些著名科学家都吃过她的闭门羹。

钱三强与何泽慧一直住在中关村的14号特楼，年经月久，在周围现代建筑的掩映下显得破旧，采光很不好，暖气管道老化冬天供热上不来，多数日子要穿棉衣看书写东西。在家中，钱三强和何泽慧过的是普通人的生活，自己洗衣服、做饭、排队买菜，每天提着小兜兜到奶站取牛奶，衣服破了补了继续穿，他们常说："笑破不笑补嘛，穿补丁衣服不丢人。"

1992年钱三强去世以后，组织上多次提出给何泽慧调房都被她婉言谢绝。在以后的二十多年里，家里的布局依然和当年一样，使用的物品几乎没有变过，不论是卧室还是书房，都尽可能地保持着钱三强生前的样子。写字台的抽屉里还保存着他的东西，包括他用过的钱包、证件、电话号码本、代表证、文具、眼镜等，也许何泽慧认为这是纪念钱三强最好的方式。2007年温家宝总理来到这处老房子看望何泽慧，深情地说："我知道，坐在这里就想起很多事来。这里留下了记忆，也留下了精神。三强同志和您，中国人民都不应该忘记，也不会忘记。"

参考文献

[1]《当代中国》丛书出版社. 当代中国的核工业 [M]. 北京：中国社会科学出版社, 1987.

[2] 北平研究院. 国立北平研究院五周年工作报告 [M]. 北京：北平研究院, 1934.

[3] 陈丹, 葛能全. 钱三强传. 北京：中国青年出版社, 2017.

[4] 陈雁, 王洁. 中法大学历史图说（1920—1950）[M]. 北京：北京理工大学出版社, 2020.

[5] 丁兆君. 华裔物理界的一次盛会——1980年广州粒子物理理论讨论会的召开及其意义与影响 [J]. 科学文化评论, 2011(4).

[6] 董建丽. 历史都会铭记——中科院院士王方定回忆点火中子源研制及核爆化学测试 [J]. 中国核工业, 2015(2).

[7] 樊洪业.《建立人民科学院草案》的来龙去脉 [J]. 中国科技史料, 2000(4).

[8] 葛能全. 魂牵心系原子梦——钱三强传 [M]. 北京：中国科学技术出版社/上海交通大学出版社, 2013.

[9] 葛能全. 钱三强年谱长编 [M]. 北京：科学出版社, 2013.

[10] 葛能全. 入门与出道——在科学院、工程院亲历札记及我的早年 [M]. 北京：科学出版社, 2019.

［11］胡新和 . 廿年科学工程史 廿载辉煌创业篇——记北京正负电子对撞机工程 [J]. 工程研究 , 2004（1）.

［12］黄庆桥 , 关增建 . 科学精英的角色重构：钱三强晚年的科学活动与贡献 . 自然辩证法研究 , 2011（9）.

［13］黄庆桥 , 关增建 . 钱三强科学史贡献初探 [J]. 自然辩证法通讯 , 2012（1）.

［14］黄庆桥 , 关增建 . 钱三强在"文革"后的人生际遇及政治参与活动 [J]. 科学文化评论 , 2013（4）.

［15］黄庆桥 . 从核心到边缘：钱三强与中国原子弹——兼谈对科技帅才的正确评价 [J]. 上海交通大学学报（哲学社会科学版）, 2014（3）.

［16］黄胜年 , 顾以藩 . 我们所知道的钱三强和何泽慧先生 [J]. 物理 , 1997（6）.

［17］科学时报社编 . 请历史记住他们——中国科学家与"两弹一星" [M]. 广州：暨南大学出版社 , 1999 .

［18］李佩珊 . 钱三强同志与科学史 [J]. 自然辩证法研究 , 1992（9）.

［19］李洋 . 1953年中国科学院代表团首次访问苏联及其影响 [J]. 中国科技史杂志 , 2020（4）.

［20］李毅 . 一堆一器：我国跨进原子能时代的里程碑 [J]. 中国核工业 , 1998（5）.

［21］刘晓 . 核子技术、科学合作与世界和平——重审铀核三分裂与四分裂的发现 [J]. 法国汉学 , 2019 , 18 .

［22］刘晓 . 卷舒开合任天真——何泽慧传 [M]. 北京：中国科学技术出版社 / 上海交通大学出版社 , 2013 .

［23］刘晓 . 中国科学院建院初期的科研机构调整工作 [J]. 中国科技史杂志 , 2013（3）.

［24］刘晓 . 中国参与世界科学工作者协会的早期历程，1945—1950 [J]. 自然辩证法通讯 , 2019（3）.

[25] 彭桓武. 谈谈我对钱三强先生组织领导我国科技工作的几点认识 [J]. 原子能科学技术, 1994(2).

[26] 钱三强. 徜徉原子空间 [M]. 天津：百花文艺出版社, 2000.

[27] 钱三强. 筹建科学院前后我参与的一些事情 [J]. 院史资料与研究, 1991(4).

[28] 钱三强. 对于苏联物理学的认识和体会 [J]. 科学通报, 1954(1).

[29] 钱三强. 科坛漫话 [M]. 北京：知识出版社, 1984.

[30] 钱三强. 钱三强论文选集 [M]. 北京：科学出版社, 1993.

[31] 钱三强. 钱三强文选 [M]. 杭州：浙江科学技术出版社, 1994.

[32] 钱三强. 迎接科学的春天 [J]. 自然杂志, 1978(1).

[33] 钱三强. 重原子核三分裂与四分裂的发现 [M]. 北京：科学技术文献出版社, 1989.

[34] 时春丽. 一爆惊世建荣功——王方定传 [M]. 北京：中国科学技术出版社/上海交通大学出版社, 2017.

[35] 孙汉城，刘晓，钱思进. 何泽慧传 [M]. 太原：山西教育出版社, 2015.

[36] 王寿君. 以身许国——那些从杜布纳回国的科学家的故事 [M]. 北京：中国原子能出版社, 2017.

[37] 王勇忠. 20世纪50年代的原子能宣传运动 [J]. 当代中国史研究, 2015(5).

[38] 张焕乔，唐洪庆. 钱三强、何泽慧与我国核武器研制 [J]. 国防科技工业, 2014(10).

[39] 赵静. 留法勤工俭学运动 [M]. 北京：解放军文艺出版社, 2004.

[40] 中国科学院. 胡耀邦在中国科学院 [M]. 北京：科学出版社, 2012.

[41] 中国原子能科学研究院. 中国原子能科学研究院简史1950—2010 [M]. 北京：原子能出版社, 2010.

[42] 中国原子能科学研究院. 钱三强与中国原子能事业 [M]. 北京：中国原子能出版社, 2013.